일본어 독해력 완성 프로그램

다락원 일한 대역문고

초급 10

이솝 우화

イソップぐうわ

三田村信行 著 | 김정남 訳註

다락원

『다락원 일한 대역문고』 이렇게 보세요

と、その時です。

「ウオーッ！」

おそろしいほえ声とともに、近くの草むらから一頭のライオンが飛び出してきました。いずみのほとりでぼんやりしているしかを見付けて、そっとしのび寄ってきていたのです。

그러자 그때입니다.

"어흥!"

무서운 울음소리와 함께 근처 풀숲에서 사자 한 마리가 뛰어나왔습니다. 샘 근처에 멍하니 있는 사슴을 발견하고 살그머니 다가와 있었던 것입니다.

6 ～とともに ～와 함께

日曜日(にちようび)は父(ちち)とともに山登(やまのぼ)りに行(い)った。

★ ～頭(とう) ～마리(소나 말 등 큰 동물을 세는 조수사)

一頭(いっとう)	二頭(にとう)	三頭(さんとう)
四頭(よんとう)	五頭(ごとう)	六頭(ろくとう)
七頭(ななとう)	八頭(はっとう)	九頭(きゅうとう)
十頭(じゅうとう)	何頭(なんとう)	

66 67

어휘 설명

자세한 해설과 함께, 히라가나로 실린 단어 중 한자를 알아두면 좋은 어휘에는 한자 표기를 병기했습니다.
사진 자료는 어휘 해설에 대한 빠르고 정확한 이해를 도와줍니다.

문형 해설

주요 문형의 뜻풀이와 접속을 예문과 함께 알기 쉽게 정리했습니다.

보충 해설

내용 이해와 문법적인 접속 이해를 도와줍니다.

일러두기

일본어의 한국어 표기는 다음과 같습니다.
장음은 단음으로 표기했습니다. 예 大阪 — 오사카
발음 표기는 로마자 표기의 발음에 따랐습니다. 예 つかう (tsukau) — 츠카우
촉음은 'ㅅ'으로 표기했습니다.

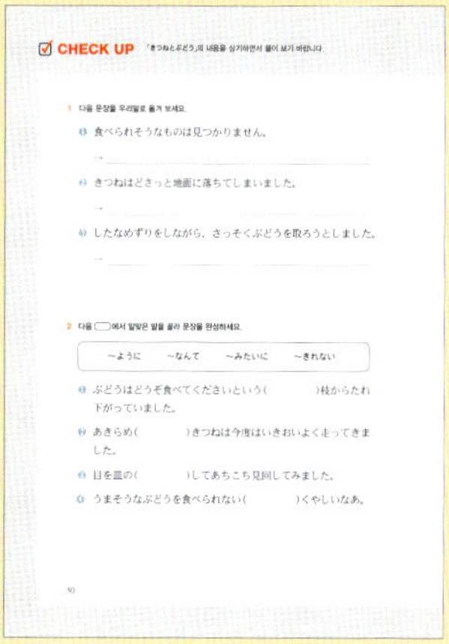

CHECK UP 「きつねとぶどう」의 내용을 상기하면서 풀어 보기 바랍니다.

1 다음 문장을 우리말로 옮겨 보세요.

1) 食べられそうなものは見つかりません。

→

2) きつねはどさっと地面に落ちてしまいました。

→

3) したなめずりをしながら、さっそくぶどうを取ろうとしました。

→

2 다음 [ ]에서 알맞은 말을 골라 문장을 완성하세요.

~ように　~なんて　~みたいに　~きれない

1) ぶどうはどうぞ食べてくださいという(　　　)枝からたれ下がっていました。

2) あきらめ(　　　)きつねは今度はいきおいよく走ってきました。

3) 目を皿の(　　　)してあちこち見回してみました。

4) うまそうなぶどうを食べられない(　　　)くやしいなあ。

50

CHECK UP

내용 이해와 더불어 중요 문형에 대한 학습이 깊어집니다.

오디오 CD

원어민 성우의 정확한 내레이션으로 듣는 즐거움도 쌓으세요.

문형 접속 해설에 쓰인 활용형의 설명은 다음과 같습니다.
ます형(연용형) — ます가 붙기 이전의 형태
ない형 — ない가 붙기 이전의 형태
て형・た형 — 각각 て・た가 붙은 형태
な형용사な・명사の — な형용사의 어간에 な가 붙은 형태, 명사에 の가 붙은 형태
동사・い형용사・な형용사의 기본형 — 동사・い형용사는 사전에 실려 있는 형태, な형용사는 어간에 だ가 붙은 형태
보통형 — 기본형, 부정형, 과거형, 과거부정형

목차

이솝 우화

イソップぐうわ

きつねとぶどう

おなかをすかせた*きつねが、食(た)べるものをさがして、広(ひろ)い野原(のはら)を歩(ある)いていました[1]。

「おなかがすいたよう。何(なに)か食べるものはないかなあ。」

- きつね 여우
- ぶどう 포도
- おなか 배
- すく (속이) 비다, 공복이 되다
- 食(た)べる 먹다
- もの 것, 물건
- さがす 찾다
- 広(ひろ)い 넓다
- 野原(のはら) 들, 들판
- 歩(ある)く 걷다
- おなかがすく 배가 고프다
- ～よ 자신의 판단, 기분을 강조하는 말
- 何(なに)か 무엇인가, 뭔가
- ～かな ～가?, ～까? 〈가벼운 영탄이 담긴 의문, 자문, 의뢰 등을 나타냄〉

여우와 포도

배를 주린 여우가 먹을 것을 찾아서 넓은 들판을 걷고 있었습니다.

"배가 고파. 뭔가 먹을 게 없을까?"

1 **~ている ~(하)고/해져 있다** [동사 て형+いる]

동작의 진행이나 상태의 지속을 나타낸다.

妹(いもうと)は小説(しょうせつ)を読(よ)んでいる。 여동생은 소설을 읽고 있다.

★ 동사의 사역형 만들기

사역형은 남에게 어떤 행위를 강요하거나 시킬 때 사용하는 표현이다.

1그룹 동사	어미를 ア단으로 바꾸고 せる를 붙인다.	
	書く → 書かせる	読む → 読ませる
2그룹 동사	어미 る를 떼고 させる를 붙인다.	
	見る → 見させる	食べる → 食べさせる
불규칙 동사	来る → 来(こ)させる	する → させる

けれど、右に行っても、左に行っても、食べられ[*]そうな[2]ものは見つかりません。

「ぜいたくは言わないよ。木の実でも、草の実でもいいんだけどなあ。」

- けれど　그러나, 하지만
- 右(みぎ)　오른쪽
- 行(い)く　가다
- 左(ひだり)　왼쪽
- 見(み)つかる　발견되다
- ぜいたく　사치, 사치스러움, 분에 넘침
- 言(い)う　말하다
- 木(こ)の実(み)　나무 열매
- ～でも　~라도
- 草(くさ)の実(み)　풀 열매
- いい　좋다
- ～んだ　~인 것이다 = ～のだ
- けど　~는데, ~지만
- ～なあ　~말이야, ~구나

그러나 오른쪽으로 가도 왼쪽으로 가도 먹을 수 있을 것 같은 것은 발견되지 않습니다.

"사치스러운 말은 하지 않아. 나무 열매라도 풀 열매라도 좋겠는데 말이야."

---

2 ~そうだ ~일 것 같다, ~인 듯하다

[동사 ます형, い형용사 · な형용사 어간+そうだ]

양태 표현으로, 말하는 사람이 보거나 들어서 느낀 것을 추측하며 말하는 표현이다.

泣(な)きそうな顔(かお)をしている。 울 것 같은 얼굴을 하고 있다.

★ 동사의 가능형 만들기

1 그룹 동사 어미를 エ단으로 바꾸고 る를 붙인다.

書く → 書ける　　読む → 読める

2 그룹 동사 어미 る를 떼고 られる를 붙인다.

見る → 見られる　　食べる → 食べられる

불규칙 동사 来る → 来(こ)られる　　する → できる

きつねは、目を皿のように[3]してあちこち見回してみました[4]が、木の実も草の実も落ちていません。どこをさがしても、何一つ見当たらないのです。

「ああ、おなかの皮と、せなかの皮がくっつきそうだ。」

- 目(め) 눈
- 皿(さら) 접시
- 目(め)を皿(さら)のようにする 눈을 크게 뜨고 정신을 집중하다
- あちこち 여기저기
- 見回(みまわ)す 둘러보다
- 落(お)ちる 떨어지다
- 何一(なにひと)つ 무엇 하나
- 見当(みあ)たる 발견되다, 눈에 띄다
- ～のです ~것입니다 〈～です보다 강조의 의미를 나타냄〉
- 皮(かわ) 가죽
- せなか 등
- くっつく 달라붙다

여우는 눈을 크게 뜨고 집중하여 여기저기 둘러보았지만, 나무 열매도 풀 열매도 떨어져 있지 않습니다. 어디를 찾아도 무엇 하나 눈에 띄지 않는 것입니다.

"아아, 뱃가죽과 등가죽이 달라붙을 것 같아."

---

3 **~ように ~과 같이, ~처럼** [명사の+ように]
상황이나 상태를 다른 것에 비유하거나 예를 들어 말할 때 사용한다.

氷(こおり)のように冷(つめ)たい手(て)。 얼음처럼 차가운 손.

4 **~てみる ~해 보다** [동사 て형+みる]
어떤 동작을 시험 삼아 해 본다는 의미를 나타낸다.

私(わたし)が事務室(じむしつ)に行(い)ってみます。 제가 사무실에 가 보겠습니다.

きつねは、ぺちゃんこになった[5]おなかをかかえながら[6]、なおも食べるものをさがしまわりました。

すると、ようやくのことで、野原の外(はず)れに立(た)っているぶどうの木(き)が見つかりました。

「しめた！」

- ぺちゃんこ 납작해짐, 납작함
- かかえる 움켜쥐다
- なおも 계속해서, 더욱더
- ～まわる (동사 ます형에 붙어) ~돌아다니다
- すると 그러자, 그랬더니
- ようやくのことで 겨우, 가까스로, 간신히
- 外(はず)れ 변두리
- 立(た)つ 서다
- しめた 됐다, 옳지 〈자기 뜻대로 되었을 때의 기쁨을 나타내는 말〉

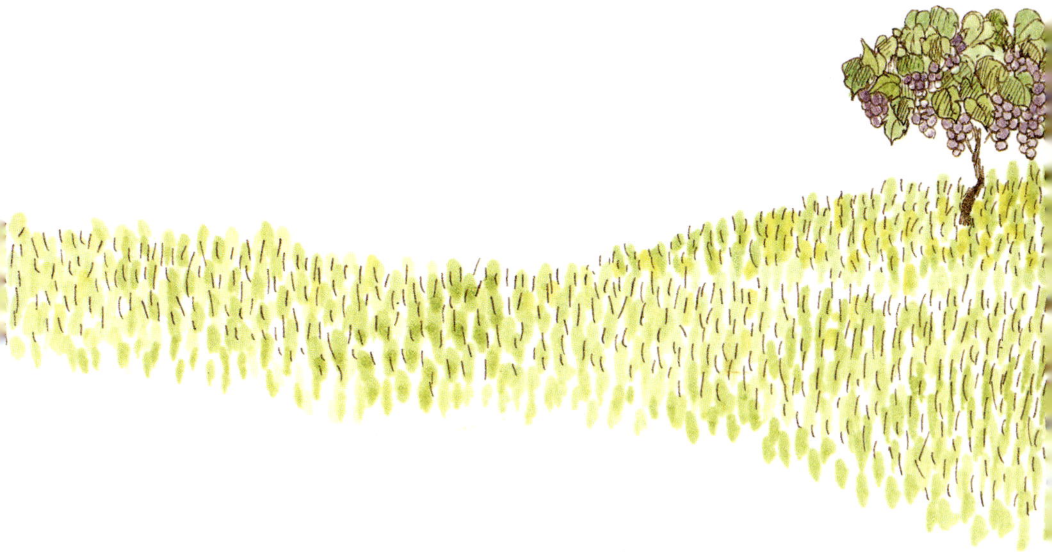

여우는 납작해진 배를 움켜쥐고 계속해서 먹을 것을 찾아 돌아다녔습니다.
그리하여 간신히 들판 변두리에 서 있는 포도나무가 발견되었습니다.
"옳지!"

---

5 ～になる ～가 되다, ～어 지다
[な형용사 어간 · 명사+になる, い형용사 어간+くなる]
상태의 변화를 나타낸다.

弟(おとうと)は来年(らいねん)から中学生(ちゅうがくせい)になる。
남동생은 내년부터 중학생이 된다.

6 ～ながら ～하면서 [동사 ます형+ながら]
두 가지 이상의 동작이 동시에 이루어지는 것을 나타낸다.

音楽(おんがく)を聞(き)きながら本(ほん)を読(よ)みます。
음악을 들으면서 책을 읽습니다.

急(いそ)いでかけよってみると[7]、うれしいことに[8]、よくうれたぶどうのふさが、どうぞ食べてくださいというみたいに[9]、枝(えだ)からたくさんたれ下(さ)がっていました。

「うまそうなぶどうだなあ。」

- 急(いそ)ぐ 서두르다
- かけよる 달려가다
- うれしい 기쁘다
- うれる (과일 등이) 익다, 여물다
- ふさ 송이
- どうぞ 자, 어서 〈상대편에게 무엇을 허락하거나 권할 때 쓰는 공손한 표현〉
- ~てください (동사 て형에 붙어) ~해 주세요
- ~という ~라고 하는, ~이라는
- 枝(えだ) 가지
- たれ下(さ)がる 매달리다, 아래로 드리워지다, 늘어지다
- うまい 맛있다

서둘러서 달려가 보니 기쁘게도 잘 익은 포도송이가 '어서 드세요'라고 하는 듯이 가지에 잔뜩 매달려 있었습니다.

"맛있어 보이는 포도네."

여우는 입맛을 다시면서 당장 포도를 따려고 했습니다.

---

7 **～と ~하자, ~하니** [동사의 기본형+と]

앞의 일에 이어져 다음 일이 일어남을 나타낸다.

ドアを開(あ)けると彼(かれ)が立(た)っていた。 문을 여니 그가 서 있었다.

8 **～ことに ~하게도** [동사 た형, い형용사 기본형, な형용사な+ことに]

어떤 사실에 대해 느낀 것을 강조해서 말하는 표현이다.

興味深(きょうみぶか)いことにこの車(くるま)は高校生(こうこうせい)が作(つく)りました。

흥미롭게도 이 차는 고등학생이 만들었습니다.

9 **～みたいだ ~인 듯하다, ~인 것 같다**

[동사・い형용사 보통형, な형용사 어간, 명사+みたいだ]

비교, 추량, 예시 등을 나타낸다.

彼女(かのじょ)は6時(じ)に来(く)るみたいだ。 그녀는 9시에 올 것 같다.

きつねは、したなめずりをしながら、さっそくぶどうを取(と)ろう*としました[10]。

ところがあいにくなことに、ぶどうの木はとても高(たか)くて、せがとどきません。

きつねは、思(おも)いっきり飛(と)び上(あ)がってみました。けれど、とどきません。何度(なんど)も何度もやってみましたが、だめです。ぶどうのふさに、つめも引(ひ)っかけられないのです。

- したなめずり 혀로 입술을 핥음
- したなめずりをする 입맛을 다시다
- さっそく 곧, 즉시, 당장
- 取(と)る 따다
- ところが 그런데
- あいにく 공교로움
- 高(たか)い 높다
- せ 키
- とどく 닿다
- 思(おも)いっきり 마음껏, 실컷 〈思い切り의 힘줌말〉
- 飛(と)び上(あ)がる 뛰어오르다
- 何度(なんど)も 몇 번이고
- やる 하다
- だめ 소용없음
- つめ 손톱
- 引(ひ)っかける 할퀼 수 있다 〈引かく의 가능형〉

그런데 공교롭게도 포도나무는 매우 높아서 키가 닿지 않습니다.

여우는 힘껏 뛰어올라 보았습니다. 하지만 닿지 않습니다. 몇 번이고 몇 번이고 해 보았지만 소용이 없습니다. 포도송이에 손톱도 닿을 수 없는 것입니다.

---

10 ~(よ)うとする ~(하)려고 하다 [동사 의지형+(よ)うとする]

어떤 일이나 행동을 하려고 할 때 쓰는 표현이다.

今(いま)から友達(ともだち)に手紙(てがみ)を書(か)こうとします。
지금부터 친구에게 편지를 쓰려고 합니다.

★ **동사의 의지형 만들기**

1 그룹 동사	어미를 オ단으로 바꾸고 う를 붙인다.	
	書く → 書こう	読む → 読もう
2 그룹 동사	어미 る를 떼고 よう를 붙인다.	
	見る → 見よう	食べる → 食べよう
불규칙 동사	来る → 来(こ)よう	する → しよう

「あんなにうまそうなぶどうを食べられないなんて[11]、くやしいなあ。」

あきらめきれない[12]きつねは、今度(こんど)は、少(すこ)しはなれたところからいきおいよく走(はし)ってきて、ぴょーんと高(たか)く高く飛び上がりました。

- くやしい 분하다
- あきらめる 포기하다
- 今度(こんど) 이번
- 少(すこ)し 조금
- はなれる 떨어지다
- いきおい 기세
- 走(はし)る 달리다
- ぴょん 뛰어오르는 모양, 깡충, 팔짝, 훌쩍

"저렇게 맛있어 보이는 포도를 먹을 수 없다니 분하군."

포기할 수 없는 여우는, 이번에는 조금 떨어진 곳에서 힘차게 달려와 팔짝하고 높이 높이 뛰어올랐습니다.

---

11 ~なんて ~라니 [동사 기본형, 명사+なんて]
예상 밖의 사항에 대해 놀란 심정을 나타낸다.

これが5万円(まんえん)もするなんて驚(おどろ)いた。
이것이 5만원이나 하다니 놀랐다.

12 ~きれない 다 ~할 수 없다 [동사 ます형+きれない]
불가능의 의미를 나타낸다.

この食堂(しょくどう)は量(りょう)が多(おお)いので食(た)べきれない。
이 식당은 양이 많기 때문에 다 먹을 수 없다.

きつねの体(からだ)が空中(くうちゅう)にういて、もう少(すこ)しでつめの先(さき)がぶどうのふさにとどきそうになりましたが、そのとたん、きつねはどさっと地面(じめん)に落(お)ちてしまいました[13]。

「いてててて。」

- 体(からだ) 몸
- 空中(くうちゅう) 공중
- うく 뜨다
- もう 더
- 先 끝, 앞, 선두
- ~が ~만, ~는데
- とたん 바로 그 순간
- どさっと 무거운 것이 떨어지거나 던졌을 때 나는 소리, 털썩, 탁
- 地面(じめん) 지면, 땅바닥

여우의 몸이 공중에 떠서 조금만 더 뻗으면 손톱 끝이 포도송이에 닿을 것 같았지만, 그 순간 여우는 털썩하고 땅바닥에 떨어지고 말았습니다.

"아야야야."

---

13 **~てしまう ~해 버리다, ~하고 말다** [동사 て형+しまう]

유감, 후회의 감정이나, 동작의 완료를 나타낸다.

どこかで財布(さいふ)を落(お)としてしまった。 어디선가 지갑을 떨어뜨려 버렸다.

こしをさすりながらようやくのことで起き上がったきつねは、

「なんだ、こんなぶどう。うまそうに見えるけど、本当はすっぱいに決まってらあ[14]。食べてなんかやるもんか[15]！」

と、くやしそうに言って、立ち去って行きました。

- こし 허리
- さする 쓰다듬다, (가볍게) 문지르다
- 起(お)き上(あ)がる 일어나다
- なんだ 뭐야, 뭐라고
- ～てらあ 동작 · 상태를 깔보거나 놀리는 기분을 담아서 말할 때 사용함 ＝～ている
- こんな 이런, 이러한
- 見(み)える 보이다
- 本当(ほんとう) 정말, 사실
- すっぱい (맛이) 시다
- ～と ~고, ~라고
- 立(た)ち去(さ)る 떠나가다, 물러가다

허리를 문지르며 간신히 일어난 여우는,

"뭐야, 이까짓 포도. 맛있을 것 같아 보이지만 사실은 매우 실 거야. 내 먹어 주나 봐라!"

라고 분한 듯이 말하고 떠나갔습니다.

14 **~に決まっている ~(하)는 것이 당연하다, 반드시 ~(하)다**

[동사 · い형용사 보통형, 명사+に決まっている]

강한 확신을 가지고 단정할 때 사용된다.

この試合(しあい)は我(わ)がチームが勝(か)つに決(き)まっている。

이 시합은 우리 팀이 이기는 것이 당연하다.

15 **~もんか ~(하)나 봐라, ~(할)까 보냐**

[동사 · い형용사 기본형, な형용사+もんか]

~ものか의 회화체 축약형으로, 강하게 부정하는 표현이다.

あんな行儀(ぎょうぎ)の悪(わる)い奴(やつ)に教(おし)えるもんか。

저런 예의 없는 녀석에게 가르쳐 주나 봐라.

どんなにすばらしいものでも、自分(じぶん)のものにならないことが分(わ)かると[16]、

「なんだ、あんなもの。ちっともすてきじゃないや。」

と、悪口(わるくち)を言う人(ひと)がいます。このお話(はなし)のきつねみたいにね。

- どんなに 아무리, 얼마나
- すばらしい 매우 훌륭하다, 멋있다
- 自分(じぶん) 자기, 자신
- 分(わ)かる 알다
- なんだ 뜻밖의 사태에 놀라거나 허탈함을 나타내는 말, 뭐야
- ちっとも 전혀, 조금도
- すてき 매우 근사함, 매우 훌륭함, 아주 멋짐
- ～や ~말야 〈가벼운 영탄을 나타냄〉
- 悪口(わるくち) 험담, 욕
- 話(はなし) 이야기

아무리 멋진 것이라도 자기 것이 되지 않는다는 것을 알게 되면,
"뭐야, 저런 것. 조금도 멋지지 않아."
하고 험담을 하는 사람이 있습니다. 이 이야기의 여우처럼 말입이죠.

---

16 ～と ～(하)면 [동사 · い형용사, な형용사 기본형+と]
진리나 법칙, 자연현상, 일반적인 상식 등 어떤 조건이 갖춰지면 반드시 그러한 조건이 나타나는 경우, 습관이나 반복적 사실에 쓰인다.

2と3を足(た)すと5になる。 2와 3을 더하면 5가 된다.

CHECK UP

「きつねとぶどう」의 내용을 상기하면서 풀어 보기 바랍니다.

1 다음 문장을 우리말로 옮겨 보세요.

❶ 食べられそうなものは見つかりません。

→ ______________________________

❷ きつねはどさっと地面に落ちてしまいました。

→ ______________________________

❸ したなめずりをしながら、さっそくぶどうを取ろうとしました。

→ ______________________________

2 다음 ( )에서 알맞은 말을 골라 문장을 완성하세요.

～ように	～なんて	～みたいに	～きれない

❶ ぶどうはどうぞ食べてくださいという(　　　　　)枝からたれ下がっていました。

❷ あきらめ(　　　　　)きつねは今度はいきおいよく走ってきました。

❸ 目を皿の(　　　　　)してあちこち見回してみました。

❹ うまそうなぶどうを食べられない(　　　　　)くやしいなあ。

3 다음 보기와 같이 문장을 바꾸어 보세요.

보기	おなかの皮とせなかの皮がくっつく。 → おなかの皮とせなかの皮がくっつきそうだ。

❶ 明日(あした)は雨(あめ)が降(ふ)る。[降る (눈, 비가) 내리다]

→ ______________________

❷ このパンはおいしい。[パン 빵]

→ ______________________

❸ 学校(がっこう)に遅(おく)れる。[遅れる 늦다]

→ ______________________

❹ あの青(あお)いぼうしは高(たか)い。[青い 파랗다, ぼうし 모자, 高い 비싸다]

→ ______________________

4 다음 문장이 본문의 내용과 맞으면 ○, 틀리면 ×를 하세요.

❶ きつねは食べものを探して広い野原を歩いていました。(　　　)

❷ ぶどうの木はとても高くて、きつねはせがとどきませんでした。(　　　)

❸ きつねはぶどうのふさを取りました。(　　　)

❹ きつねはぶどうをたくさん食べました。(　　　)

あしとオリーブの木

あしとオリーブの木が、どちらが強いかで、言い争いをしていました。

「そりゃあ、おれのほうが強いに決まってるじゃないか[1]。」

オリーブの木が、あしに向かって、言いました。

- あし 갈대
- オリーブ 올리브
- どちら 어느 쪽
- ～か ~지, ~가
- 強(つよ)い 강하다
- 言(い)い争(あらそ)い 말다툼, 언쟁
- そりゃ 그건, 그것은
- おれ 나, 내 〈주로 남자가 같은 또래나 아랫사람에게 쓰는 1인칭 대명사임〉
- ～に向(む)かって ~를 향해, ~에게

갈대와 올리브 나무가 어느 쪽이 강한지 말다툼을 하고 있었습니다.
"그야, 내가 강한 게 당연하지 않아?"
올리브 나무가 갈대를 향해 말했습니다.

1 ~じゃないか ~잖아
[동사 · い형용사 보통형, な형용사 어간, 명사+じゃないか]
말하는 사람의 놀람을 나타내거나, 상대방에게 확인을 하는 경우에 사용한다.

これは私(わたし)の時計(とけい)じゃないか。 이것은 내 시계잖아.

「見(み)てくれ[2*]よ、このおれの体(からだ)を。しげった枝葉(えだは)、たくましい幹(みき)、大地(だいち)にはった、しっかりした根(ね)っ子(こ)。おれをたおせるものは、どこにもいないだろう[3]。それにくらべて、お前(まえ)はどうだい。ひょろひょろにやせていて、今(いま)にもたおれそうじゃないか。」

- □ 見(み)る 보다
- □ しげる 우거지다, 무성해지다
- □ 枝葉(えだは) 가지와 잎
- □ たくましい 억세다, 다부지다
- □ 幹(みき) 나무 줄기
- □ 大地(だいち) 대지
- □ はる 뻗다, 뻗어나다
- □ しっかり 견고하고 튼튼한 모양, 단단히, 꽉
- □ 根(ね)っ子(こ) 뿌리
- □ たおせる 쓰러뜨릴 수 있다 〈たおす의 가능형〉
- □ ～にくらべて ~에 비해
- □ お前(まえ) 너
- □ ～だい ~느냐? 〈의문을 나타내는 말에 붙어 상대방의 기분 또는 의견을 물을 때 사용함〉
- □ ひょろひょろ 휘청거리며 쓰러질 듯한 모양, 비실비실, 비틀비틀, 휘청휘청
- □ やせる 여위다, 마르다, 살이 빠지다
- □ 今(いま)にも 당장에라도

"봐 줘, 이 내 몸을. 우거진 가지와 잎, 다부진 줄기, 대지에 뻗은 튼튼한 뿌리. 나를 쓰러뜨릴 수 있는 것은 어디에도 없을 거야. 그에 비해 너는 어떠냐? 허약하게 말라서 당장에라도 쓰러질 것 같잖아."

---

2 ~てくれる (남이 나에게 무언가를)~해 주다 [동사 て형+くれる]
다른 사람이 나를 위해 또는 제 3자가 제 3자를 위해 어떤 행동을 하는 것을 나타낸다.

僕(ぼく)にも教(おし)えてくれ。 나에게도 가르쳐 줘.

3 ~だろう ~일 것이다 [동사 · い형용사 기본형, な형용사 어간+だろう]
추측이나 상상의 뜻을 나타낸다.

今年(ことし)の夏(なつ)は暑(あつ)いだろう。 올해 여름은 더울 것이다.

★ 동사의 명령형 만들기

1그룹 동사	어미를 エ단으로 바꾼다.	
	書く → 書け	読む → 読め
2그룹 동사	어미 る를 ろ 또는 よ로 바꾼다.	
	見る → 見ろ、見よ	食べる → 食べろ、食べよ
불규칙 동사	来る → 来(こ)い	する → しろ、せよ

「やせていようが、たおれそうだろうが[4]、大(おお)きなお世話(せわ)だよ。」

あしが、言(い)い返(かえ)しました。

「おいおい、弱虫(よわむし)のくせに、大きな口(くち)をたたくんじゃないぜ。」

- **たおれる** 쓰러지다
- **大(おお)きなお世話(せわ)** 쓸데없는 참견[간섭] 〈남의 참견을 거부할 때 씀〉
- **言(い)い返(かえ)す** (남의 말에 대해) 대답하다, 말대답하다, 말대꾸하다
- **おい** 친한 사이나 손아랫 사람을 부르는 말, 어이, 이봐
- **弱虫(よわむし)** 겁쟁이
- **~くせに** (명사の+くせに의 형태로) ~인 주제에
- **大(おお)きな口(くち)をたたく** 큰소리치다
- **~ぜ** ~거야, ~이야 〈가볍게 다짐하거나, 자기 생각을 상대에게 강요할 때, 상대방을 얕잡아 말할 때 쓰는 말. 주로 남자들이 씀〉

"말랐든, 쓰러질 것 같든, 쓸데없는 참견이야."
갈대가 말대꾸했습니다.
"어이 어이, 겁쟁이 주제에 큰소리치는 게 아냐."

---

4 **~(よ)うが ~(よ)うが ~하든 ~하든** [동사 의지형+(よ)うが]
'그 어느 쪽이라도'의 의미이다.

太(ふと)っていようが、やせていようが、かまわない。
살이 쪘든 말랐든 상관없다.

「ぼくが弱虫だって？」

「そうさ[5]。ちょっとの風(かぜ)にもおじぎをしちゃってさ、『まいったまいった』というじゃないか。いくじがないったらありゃしない[6]。」

- ぼく 나 〈남자가 동등하거나 손아래의 상대에 대해 쓰는 허물없는 말〉
- ～って ~(이)라고? 〈상대방의 질문에 대해 반문할 때 씀〉
- 風(かぜ) 바람
- おじぎ 절, 머리 숙여 절함, 머리 숙여 인사함
- ～ちゃう ~해 버리다 =～てしまう
- まいる 지다, 항복하다
- いくじ 기개, 패기, 의지

"내가 겁쟁이라고?"

"그래. 약간의 바람에도 머리 숙여 절하며 "졌다, 졌어."라고 하잖아. 정말이지 패기가 없어."

---

5 **~さ ~지, ~다고** [동사 · い형용사 기본형, な형용사 어간, 명사+さ]
자신의 판단이 확실하다고 가볍게 말할 때 사용한다.

こんなこと、簡単(かんたん)さ。이런 건 간단하지.

6 **~ったらありゃしない 정말이지 ~하다, ~하기 짝이 없다**
[い형용사 기본형+ったらありゃしない]
부정과 호응하여 정도를 넘어선 상태를 나타낸다.

君(きみ)の話(はなし)はつまらないったらありゃしない。
너의 이야기는 정말이지 시시하기 짝이 없다.

オリーブの木は、けいべつしたように、あしを見(み)やりました。あしは、何(なに)か言おうとしましたが、思(おも)い直(なお)してだまっていました。

それからしばらくたって、風がふきはじめました。

「そーら、風がふいてきたぞ。弱虫じゃないって言うなら[7]、おじぎをしないでいて見ろよ。」

- けいべつ 경멸, 남을 깔보고 업신여김
- 見(み)やる 바라보다
- 思(おも)い直(なお)す 다시 생각하다, 재고하다
- だまる 입을 다물다, 침묵하다, 소리를 내지 않다
- それから 그리고, 그 다음에
- しばらく 잠깐, 잠시
- たつ (시간 · 세월이) 지나다
- ふく (바람이) 불다
- ～ぞ ～거야, ～테야 〈자신의 판단을 강하게 말할 때 사용함〉

올리브 나무는 경멸하듯이 갈대를 바라보았습니다. 갈대는 무언가 말하려고 했지만, 다시 생각하고는 아무 말도 하지 않았습니다.

그리고 잠시 지나 바람이 불기 시작했습니다.

"자, 바람이 불어온다. 겁쟁이가 아니라고 할거면, 머리 숙여 절하지 말고 있어 봐."

---

7 ~なら ~이라면, ~할 거라면

[동사 · い형용사 기본형, な형용사 어간, 명사+なら]

전건에 대한 화자의 행동 · 의지 · 의견 · 조언 · 판단을 서술할 때나 시간상으로 앞의 사건보다 뒤의 사건이 먼저 성립될 때 사용한다.

デパートに行(い)くなら電車(でんしゃ)が便利(べんり)です。

백화점에 갈거라면 전철이 편리합니다.

オリーブの木が、からかうように言いましたが、風にふかれた[*]あしは、たちまちおじぎを始(はじ)めていました。

「ほーら、やっぱり弱虫じゃないか。おれ様(さま)は、お前みたいに弱虫じゃないぞ。いいか、見てろよ。おれ様の強さを証明(しょうめい)してやる[8] からな。」

- からかう 놀리다, 조롱하다, 야유하다
- たちまち 금세, 곧, 순식간에
- 始(はじ)める 시작하다
- やっぱり 역시, 과연
- おれ様(さま) 나, 이 몸 〈거들먹 거리며 자신을 과시할 때 쓰는 말〉
- 強(つよ)さ 강인함, 강한 모습
- 証明(しょうめい) 증명
- ～から ~할 테니 〈강한 결의로, 경고 또는 자신의 의지를 나타냄〉

올리브 나무가 놀리듯이 말했지만, 바람에 휘날린 갈대는 금세 절을 하기 시작했습니다.

"거봐, 역시 겁쟁이잖아. 나는 너처럼 겁쟁이가 아냐. 자, 잘 보라고. 나의 강인함을 증명해 줄 테니까."

---

8 〜てやる ~해 주다 [동사 て형+やる]

내가 남에게 또는 제 3자 간에 어떤 행동을 해 주는 경우에 사용한다. 손아랫사람 또는 동 · 식물에게 사용한다.

弟(おとうと)に本(ほん)を買(か)ってやった。
남동생에게 책을 사 주었다.

★ 동사의 수동형 만들기

1 그룹 동사 어미를 ア단으로 바꾸고 れる를 붙인다.
書く → 書かれる　　読む → 読まれる

2 그룹 동사 어미 る를 떼고 られる를 붙인다.
見る → 見られる　　食べる → 食べられる

불규칙 동사 来る → 来(こ)られる　　する → される

オリーブの木は、風に向(む)かってさけびました。

「さあ、来(こ)い。どんどんふけ。おれ様は、ぜったいに負(ま)けないからな！」

その言葉(ことば)に答(こた)えるかのように[9]、風はしだいに強くなってきました[10]。枝(えだ)がしなり、葉(は)がさざなみのようにふるえましたが、

「まだまだ、こんなのはどうってことない。」

- さけぶ 외치다, 소리지르다
- どんどん 점점
- ぜったいに 절대로
- 負(ま)ける 지다, 패배하다
- 言葉(ことば) 말
- 答(こた)える 대답하다
- しだいに 점점, 서서히, 차츰
- 枝(えだ) 가지
- しなる 휘다, 휘어지다
- 葉(は) 잎
- さざなみ 잔물결
- ふるえる 흔들리다, 떨리다
- まだまだ 아직, 아직도

올리브 나무는 바람을 향해 소리쳤습니다.

"자, 와라. 계속해서 불어라. 나는 절대로 지지 않을 테니!"

그 말에 대답이라도 하는 듯이 바람은 점점 강해졌습니다. 가지가 휘어지고 잎이 잔물결처럼 흔들렸지만,

"아직도 멀었어, 이 정도는 아무렇지도 않아."

---

9 **~かのように ~인 듯이, ~인 것 같이** [동사 보통형+~かのように]
실제로는 그렇지 않은데, 마치 그런 것처럼 행동하거나 느끼는 모습을 나타낸다.

彼(かれ)はいつも自分(じぶん)の目(め)で見(み)たかのように言(い)う。
그는 언제나 자기 눈으로 본 듯이 말한다.

10 **~てくる ~해 오다, ~어지다, ~게 되다** [동사 て형+くる]
어떤 일이 과거에서 현재까지 계속되거나, 조금씩 진행되어 차차 그런 상태로 되는 것을 나타낸다.

空(そら)が暗(くら)くなってきた。 하늘이 어두워졌다.

オリーブの木は、せせら笑(わら)いながら、 風にさからってしっかりと立(た)っていました。

一方(いっぽう)、あしは、今にも折(お)れるかと思(おも)われるぐらいに、はげしく風になびいていました。

「弱虫め。お前なんか、風に根(ね)こそぎ、ふき飛(と)ばされてしまえ！」

オリーブの木がののしりましたが、あしは、風が強くて息(いき)もつけず[11]、返事(へんじ)ができませんでした。

- せせら笑(わら)う 비웃다, 코웃음치다
- さからう 거스르다
- しっかり 견고한 모양, 튼튼한 모양. 단단히, 꽉
- 一方(いっぽう) 한편
- 折(お)れる 꺾이다, 부러지다
- く(ぐ)らい 만큼, 정도, 가량, 쯤
- はげしい 심하다, 세차다
- なびく 나부끼다
- ～め ~녀석, ~놈
- ～なんか ~따위, ~같은 것
- 根(ね)こそぎ 온통, 몽땅, 모조리, 송두리째
- ふき飛(と)ばす 불어 날려 버리다
- ののしる 큰소리로 비난하다
- 息(いき) 숨
- 息(いき)をつく 숨을 쉬다
- 返事(へんじ) 대답, 응답
- できる 할 수 있다

올리브 나무는 비웃으면서 바람을 거스르며 단단히 서 있었습니다.

한편, 갈대는 당장에라도 부러질거라는 생각이 들 정도로, 세차게 바람에 나부끼고 있었습니다.

"겁쟁이 녀석. 너 따위는 바람에 몽땅 날아가 버려!"

올리브 나무가 욕설을 퍼부었지만, 갈대는 바람이 강해서 숨도 못 쉬며 대답을 할 수 없었습니다.

---

11 ～ず ～지 않고 [동사 ない형+ず]

부정의 의미를 나타내며, ～ないで라고도 한다. する(하다)는 せず(하지 않고)이고, 来(く)る(오다)는 来(こ)ず(오지 않고)가 된다.

一日中(いちにちじゅう)どこへも行(い)かず、レポートを書(か)いていた。
하루 종일 아무데도 가지 않고, 리포트를 쓰고 있었다.

風は、ますます強くなっていきました。びゅーびゅーと音(おと)を立(た)ててふきまくり[12]、オリーブとあしを、ようしゃ無(な)くいためつけました。

どのくらいたったでしょうか。ほとんど地面(じめん)に着(つ)くほどふきまげられていたあしが、ふっと気付(きづ)くと、風が止(や)んでいました。

- ますます 더욱 더, 점점 더
- びゅうびゅう 바람이 심하게 불어대는 거친 소리, 휘잉휘잉
- 音(おと)を立(た)てる 소리를 내다
- ようしゃ無(な)く 가차없이, 사정없이
- いためつける 닦달하다, 혼내 주다
- ほとんど 대부분
- 地面(じめん) 지면
- 着(つ)く 닿다
- ~ほど ~정도로, ~쯤
- まげられる 구부러지다 〈まげる의 수동형〉
- ふっと 문득, 갑자기
- 気付(きづ)く 눈치채다, 알아차리다, 깨닫다
- 止(や)む 멎다, 그치다

바람은 더욱더 강해져 갔습니다. 휘잉휘잉하고 소리를 내고 마구 휘몰아치며, 올리브 나무와 갈대를 사정없이 혼내주었습니다.

어느 정도 지났을까? 거의 지면에 닿을 정도로 휘어져 있던 갈대가, 문득 정신을 차려보니 바람이 그쳐 있었습니다.

---

12 ~まくる ~하다, 계속 ~해대다 [동사 ます형+まくる]

어떤 동작이나 상태가 계속되거나 그 정도가 심한 것을 나타낸다.

犯人(はんにん)がつかまるまで追(お)って追って追いまくる。

범인이 잡힐 때 까지, 쫓고 쫓고 계속 쫓는다.

「ふう、助(たす)かったあ。」

あしは、大きく息をして、ゆっくりと体を元(もと)にもどしました。そして、

「ずいぶん強い風だったなあ。君(きみ)は、だいじょうぶだったかい。」

と、オリーブの木に声(こえ)をかけましたが、どうしたのか、返事がありません。

- 助(たす)かる 살아나다, 목숨을 건지다
- 息(いき)をする 숨을 쉬다
- ゆっくり 천천히, 느긋하게
- 体(からだ) 몸
- 元(もと) 이전, 원래
- もどす 되돌리다
- ずいぶん 몹시, 아주, 대단히
- 君(きみ) 너, 자네 〈남자가 동년배 또는 손아래 상대를 친근하게 부르는 말〉
- だいじょうぶ 괜찮음
- ～かい ~니, ~는가 〈가벼운 의문, 확인, 권유, 의뢰 등을 나타냄〉
- 声(こえ)をかける 말을 걸다
- どうしたのか 어떻게 된 일인지, 무슨 일인지

"휴우, 살았다."

갈대는 크게 숨을 쉬며 천천히 몸을 원래 상태로 되돌렸습니다. 그리고,

"아주 강한 바람이었어. 너는 괜찮았니?"

하고, 올리브 나무에게 말을 걸었지만, 어떻게 된 일인지 대답이 없습니다.

「おい、どうしたんだい？」

ふり向(む)いてみると、オリーブの木は、風にはげしくさからったために[13]、真(ま)ん中(なか)から、ぽっきりと折れてしまっていました。

強いものに力(ちから)まかせにさからうよりも、やわらかくかわしたほうが、いい結果(けっか)を産(う)むことがあります。

- ふり向(む)く (뒤)돌아보다
- 真(ま)ん中(なか) 한가운데
- ぽっきり 단단한 것이 힘없이 부러지는 모양, 뚝, 똑
- 力(ちから)まかせ 힘을 믿고 마구 함, 힘껏
- ～より ～ほうが ~보다 ~쪽이
- やわらかい 부드럽다
- かわす 피하다
- 結果(けっか) 결과
- 産(う)む 낳다

"어이, 어떻게 된 거야?"

뒤돌아보니 올리브 나무는 바람에 세차게 거슬렀기 때문에, 한가운데가 뚝 부러져 있었습니다.

강한 것에 제 힘을 믿고 거스르기 보다도 부드럽게 피하는 쪽이, 좋은 결과를 낳을 때가 있습니다.

13 ~ために ~때문에 [동사 · い형용사 보통형+ために]
원인 · 이유를 나타낸다.

アイスクリームをたくさん食(た)べたために、お腹(なか)を壊(こわ)した。
아이스크림을 많이 먹었기 때문에 배탈이 났다.

☑ CHECK UP 「あしとオリーブの木」의 내용을 상기하면서 풀어 보기 바랍니다.

1 다음 문장을 우리말로 옮겨 보세요.

❶ オリーブの木があしに向かって言いました。

→ ______________________________

❷ オリーブの木はけいべつしたように、あしを見やりました。

→ ______________________________

❸ からかうように言いましたが、風にふかれたあしは、たちまちおじぎを始めていました。

→ ______________________________

2 다음 문장이 본문의 내용과 맞으면 ○, 틀리면 ×를 하세요.

❶ あしとオリーブの木は言い争いをしていました。(　　　)

❷ オリーブの木は風が強くて息もつけず、返事ができませんでした。(　　　)

❸ あしは風に根こそぎ、ふき飛ばされてしまいました。(　　　)

❹ オリーブの木は真ん中から折れてしまいました。(　　　)

3 다음 [ ]에서 적당한 말을 골라 (　　) 안에 써 넣으세요.

しっかり　　ぽっきり　　ゆっくり

❶ (　　　　　)と体を元にもどしました。

❷ 風にさからって(　　　　　)と立っていました。

❸ 真ん中から(　　　　　)と折れてしまっていました。

4 다음 보기와 같이 문장을 바꾸어 보세요.

보기　学校へ行く → 学校へ<u>行かず。</u>

❶ ごはんを食べる。[ごはん 밥]

→ ______________________

❷ 水を飲(の)む。[飲む 마시다]

→ ______________________

❸ そうじをする。[そうじ 청소]

→ ______________________

❹ 本を買(か)う。[買う 사다]

→ ______________________

しかとライオン

のどのかわいたしかが、いずみのほとりにやって来(き)ました。

「やれやれ、やっと水(みず)に有(あ)り付(つ)いたよ。もう、死(し)ぬかと思(おも)った[1]。」

- しか 사슴
- ライオン 사자
- のど 목
- かわく (목이) 마르다
- いずみ 샘, 샘물
- ほとり 근처, 부근, 곁
- やって来(く)る 오다, 다가오다, 찾아오다
- やれやれ 안도의 숨을 내쉬거나 실망했을 때 내는 소리, 아이고, 맙소사
- やっと 겨우, 근근이, 가까스로, 간신히
- 水(みず) 물
- 有(あ)り付(つ)く 손에 넣다, 얻게 되다
- 死(し)ぬ 죽다
- もう 자기의 판단이나 감정 등을 강조하는 말, 정말

사슴과 사자

목이 마른 사슴이 샘 근처로 찾아왔습니다.
"아이고, 겨우 물을 찾았네. 정말 죽는 줄 알았어."

1 ～と思う ～라고 생각하다
[동사 · い형용사 · な형용사 기본형, 명사だ+と思う]
말하는 사람의 주관적인 판단이나 개인적인 의견을 나타낸다.

彼(かれ)は今(いま)仕事(しごと)をしていると思(おも)う。
그는 지금 일을 하고 있다고 생각한다.

しかは、のどを鳴(な)らしてごくごくといずみの水を飲(の)みました。

「ぷはあ。生(い)き返(かえ)った。」

思(おも)うぞんぶん水を飲んだしかは、すっかり元気(げんき)になって、いずみを立(た)ち去(さ)ろうとしましたが、その時(とき)、いずみのすんだ水にうつった自分(じぶん)のすがたが目に入(はい)りました。

- □ 鳴(な)らす　소리를 내다, 울리다
- □ のどを鳴(な)らす　목구멍에서 소리를 내다
- □ ごくごく　꿀꺽꿀꺽, 벌컥벌컥
- □ 飲(の)む　마시다
- □ 生(い)き返(かえ)る　되살아나다
- □ 思(おも)うぞんぶん　실컷, 마음껏
- □ すっかり　완전히
- □ 元気(げんき)　기운, 기력
- □ 立(た)ち去(さ)る　떠나가다, 물러가다
- □ 時(とき)　때
- □ すむ　맑다
- □ うつる　비치다
- □ すがた　모습
- □ 目(め)に入(はい)る　보이다, 눈에 들어오다

사슴은 목구멍에서 소리를 내며 꿀꺽꿀꺽 샘물을 마셨습니다.

"푸하, 살았다."

마음껏 물을 마신 사슴은 완전히 기운을 차리고 샘을 떠나려고 했지만, 그 때 맑은 샘물에 비친 자기 모습이 눈에 들어왔습니다.

「ああ、ぼくの角は、何てりっぱなんだろう。」

しかは、大きくて、いくつも枝分かれした角を見て、うっとりとつぶやきました。

「こんなりっぱな角を持ったしかは、ぼくのほかにはいないにちがいない[2]。」

- 角(つの) 뿔
- 何(なん)て 어쩌면 이렇게
- りっぱだ 훌륭하다, 아주 뛰어나다
- 大(おお)きい 크다
- いくつも 여럿, 몇이고
- 枝分(えだわ)かれ 여러 갈래로 갈라진 것
- うっとり 황홀히, 멍하니, 넋을 잃고
- つぶやく 중얼거리다
- 持(も)つ 가지다
- ～ほか ~밖에, ~외에

"아아, 내 뿔은 어쩌면 이렇게 훌륭할까!"

사슴은 크고 여러 갈래로 갈라진 뿔을 보며 넋을 잃고 중얼거렸습니다.

"이런 훌륭한 뿔을 가진 사슴은 분명 나밖에 없을 거야."

2　～にちがいない　~임에 틀림없다

[동사 · い형용사 보통형, な형용사 어간, 명사+にちがいない]

사실이라고 단정할 수 없지만, 말하는 사람이 어떤 근거에 의해 강한 확신을 나타낼 때 사용한다.

山田(やまだ)さんはお金持(かねも)ちにちがいない。

야마다 씨는 부자임에 틀림없다.

しかは、いずみのほとりを行(い)ったり来(き)たり[3]しながら、水面(すいめん)に角をうつしては得意(とくい)になっていましたが、自分の足(あし)に目がいったとたん[4]、得意な気持(きも)ちは、あながあいた風船(ふうせん)のようにしゅーっとしぼんでしまいました。

- 水面(すいめん) 수면
- うつす 비추다
- 得意(とくい) 자랑스러워하는 모양, 우쭐거리는 모양
- 足(あし) 다리
- 気持(きも)ち 기분, 마음
- あながあく 구멍이 나다
- 風船(ふうせん) 풍선
- しぼむ 오그라들다

사슴은 샘 근처를 왔다 갔다 하면서 수면에 뿔을 비추고는 우쭐해져 있었는데, 자기 다리에 눈이 이르자마자 우쭐한 마음은 구멍이 뚫린 풍선처럼 슉 하고 오그라들어 버렸습니다.

3　~たり~たりする　~하기도 하고 ~하기도 하다 [동사 た형+り]

같은 종류의 동작 상태를 열거하는 표현이다.

天気(てんき)が晴(は)れたり曇(くも)ったりする。

날씨가 맑았다 흐렸다 한다.

4　~たとたん　~하자마자, ~한 순간 [동사 た형+とたん]

어떤 동작이 일어난 직후 바로 다른 동작이 일어나는 경우에 사용한다.

お母(かあ)さんの顔(かお)を見(み)たとたん、泣(な)き出(だ)した。

어머니의 얼굴을 보자마자 울음을 터뜨렸다.

「おやおや、ぼくの足は何て細(ほそ)くて、たよりないんだろう。今(いま)にも折(お)れそうじゃないか。あーあ、せっかくりっぱな角を持っているっていうのに[5]、足がこんなにひょろひょろだなんて、はずかしいなあ。」

しかはがっかりして、もう自分のすがたを見(み)る気(き)がしなくなりました。

- おや 뜻밖의 일에 놀라거나 의문이 생길 때 내는 소리, 어, 아니
- 細(ほそ)い 가늘다
- たよりない 미덥지 않다, (믿기에는) 불안하다
- せっかく 모처럼
- ひょろひょろ 휘청거리며 쓰러질 듯한 모양, 비실비실, 비틀비틀
- なんて ~이라니, ~하다니
- はずかしい 부끄럽다, 창피하다
- がっかりする 실망하다
- 気(き)がする 마음(기분)이 나다

"아니, 내 다리는 어쩌면 이렇게 가늘고 신통치 않은 것일까! 당장에라도 부러질 것 같잖아. 아아, 이처럼 훌륭한 뿔을 가지고 있는데, 다리가 이렇게 비실비실하다니 부끄러워라."

사슴은 실망하여, 더 이상 자기 모습을 볼 마음이 나지 않았습니다.

---

5 ～のに ～는데도, ～함에도 불구하고

[동사 · い형용사 기본형, な형용사な+のに]

역접의 의미를 나타내는 접속조사이다.

彼女(かのじょ)のためにわざわざ来(き)たのに、彼女はいなかった。

그녀 때문에 일부러 왔는데 그녀는 없었다.

と、その時(とき)です。

「ウオーッ！」

おそろしいほえ声(ごえ)とともに[6]、近(ちか)くの草(くさ)むらから一頭(いっとう)*のライオンが飛(と)び出(だ)してきました。いずみのほとりでぼんやりしているしかを見付(みつ)けて、そっとしのび寄(よ)ってきていたのです。

- と (앞의 일에 이어서 다음 일이 일어남을 나타냄) 그러자
- おそろしい 무섭다, 두렵다
- ほえ声(ごえ) 울음 소리
- 近(ちか)く 근처, 가까운 곳
- 草(くさ)むら 풀숲
- 飛(と)び出(だ)す 뛰어나오다, 튀어나오다
- ぼんやり 우두커니, 멍하니
- 見付(みつ)ける 발견하다, 찾다
- そっと 살짝, 살그머니, 조용히, 몰래, 가만히
- しのび寄(よ)る 살며시 다가서다

그러자 그때입니다.

"어흥!"

무서운 울음소리와 함께 근처 풀숲에서 사자 한 마리가 튀어나왔습니다. 샘 근처에 멍하니 있는 사슴을 발견하고 살그머니 다가와 있었던 것입니다.

6 ～とともに ～와 함께 [명사+とともに]

사람・기관을 나타내는 명사에 붙어, '그와 함께'라는 의미를 나타낸다.

日曜日(にちようび)は父(ちち)とともに山登(やまのぼ)りに行(い)った。

일요일에는 아버지와 함께 등산하러 갔다.

★ ～頭(とう) ～마리(소나 말 등 큰 동물을 세는 조수사)

一頭(いっとう)	二頭(にとう)	三頭(さんとう)
四頭(よんとう)	五頭(ごとう)	六頭(ろくとう)
七頭(ななとう)	八頭(はっとう)	九頭(きゅうとう)
十頭(じゅうとう)	何頭(なんとう)	

「うわっ。」

しかは、びっくりぎょうてんして、ぴょーんと飛(と)び上(あ)がると、草原(そうげん)に向(む)かって一目散(いちもくさん)ににげだしました。

「ウオーッ　ウオーッ！」

ライオンは、たてがみをなびかせながら追(お)いかけてきます。つかまったら[7]、たちまち食(く)い殺(ころ)されてしまうでしょう[8]。

- **びっくりぎょうてん** 기절초풍, 기겁함, 질겁함
- **草原(そうげん)** 초원
- **一目散(いちもくさん)に** 쏜살같이
- **にげだす** 도망치다, 달아나다
- **たてがみ** 갈기
- **なびかせる** 나부끼게 하다 〈**なびかす**의 사역형〉
- **追(お)いかける** 뒤쫓아가다
- **つかまる** 잡히다, 붙잡히다
- **たちまち** 금세, 곧, 순식간에
- **食(く)い殺(ころ)される** 물려 죽다, 잡아먹히다 〈**食い殺す**의 수동형〉

"우왓."

사슴은 기겁하여 팔짝 뛰어오르더니, 초원을 향해서 쏜살같이 달아났습니다.

"어흥! 어흥!"

사자는 갈기를 휘날리며 뒤쫓아옵니다. 붙잡히면 순식간에 잡아먹혀 버릴 것입니다.

7 ~たら ~하면

[동사 た형+たら, い형용사 어간+かったら, な형용사 어간 · 명사+だったら]

앞의 상황이 일어난 후, 그 사실을 조건으로 제시하여 말할 때 사용한다.

卒業(そつぎょう)したら、日本(にほん)へ留学(りゅうがく)するつもりだ。

졸업하면 일본으로 유학갈 생각이다.

8 ~でしょう ~겠지요, ~일 것입니다

[동사 · い형용사 기본형, な형용사 어간, 명사+でしょう]

추측이나 상상의 뜻을 나타내며, ~だろう의 공손한 표현이다.

このキムチは日本人(にほんじん)には辛(から)いでしょう。

이 김치는 일본인에게는 매울 것입니다.

しかは、必死でにげました。細い足は、折れもしなければ曲がりも[9]しないで、しなやかに動いて、ずんずんライオンを引きはなしていきます。

「何とか助かりそうだぞ。」

しかは、ほっとしながらも、なおも足を速めてにげつづけました。

- 必死(ひっし) 필사적
- 折(お)れ 부러짐, 꺾어짐
- 曲(ま)がり 구부러짐
- しなやか 탄력이 있고 잘 휘어지는 모양, 유연함
- 動(うご)く 움직이다
- ずんずん 성큼성큼, 척척
- 引(ひ)きはなす 뒷사람과의 거리 · 간격을 벌리다
- 何(なん)とか 어떻게든, 어떻게 좀
- ほっとする 안심하다
- なおも 계속해서, 더욱더
- 足(あし)を速(はや)める 걸음을 재촉하다
- ~つづける (동사 ます형에 붙어) 계속해서 ~하다

사슴은 필사적으로 달아났습니다. 가는 다리는 부러지지도 않거니와 휘어지지도 않고, 유연하게 움직이며 성큼성큼 사자와 거리를 벌려 갑니다.

"어떻게든 목숨은 건질 수 있을 것 같아."

사슴은 안심하면서도 더욱더 걸음을 재촉하여 계속 달아났습니다.

---

9 ~も ~ば ~も ~도 ~하거니와 ~도

[명사+も+동사 · い형용사 가정형+ば+명사+も]

앞 내용과 비슷한 성격이나 경향을 뒤에 덧붙일 때 쓴다.

漫画(まんが)がいい人(ひと)もいれば、小説(しょうせつ)がいい人もいる。

만화가 좋은 사람도 있거니와 소설이 좋은 사람도 있다.

やがて、行(ゆ)く手(て)に森(もり)が見(み)えてきました。
ちらっと後(うし)ろをふり返(かえ)ると、ライオンのすがたが豆(まめ)つぶのように見(み)えます。

「今(いま)のうちに[10]、森をぬけてしまおう。」

- やがて 이윽고, 머지않아, 얼마 안 있어
- 行(ゆ)く手(て) 전방, 가는 쪽, 앞길
- 森(もり) 숲
- ちらっと 슬쩍, 흘끗
- 後(うし)ろ 뒤, 뒤쪽
- ふり返(か)る 뒤돌아보다, 돌아보다
- 豆(まめ)つぶ 콩알 〈작은 것을 비유하는 말〉
- ぬける 달아나나, 빠져 나오다
- ～てしまおう ~해 버리자 〈～てしまう의 의지형〉

이윽고, 앞길에 숲이 보이기 시작했습니다. 슬쩍 뒤를 돌아보니 사자의 모습이 콩알처럼 보입니다.

"이럴 때 숲을 빠져나가 버리자."

10 ~うちに ~하는 동안

[동사 · い형용사 기본형, な형용사な+うちに]

일정한 시간 범위 안, 어떤 상황이 진행하는 동안의 의미를 나타낸다.

子供(こども)が寝(ね)ているうちに掃除(そうじ)をした。

아이가 자고 있는 동안에 청소를 했다.

しかは、思(おも)い切(き)って森にかけこみました。そして、木立(こだち)の間(あいだ)を飛(と)ぶように走(はし)りぬけていきましたが、どうしたことか、とちゅうで一歩(いっぽ)も前(まえ)に進(すす)まなくなってしまいました。

- 思(おも)い切(き)って 과감히
- かけこむ 뛰어들다, 뛰어 들어가다
- そして 그리고
- 木立(こだち) 나무숲 또는 그 나무들
- 間(あいだ) 사이
- 飛(と)ぶ 날다
- 走(はし)りぬける 달려서 빠져나가다
- とちゅうで 도중에
- 一歩(いっぽ) 한 걸음
- 前(まえ) 앞
- 進(すす)む 나아가다, 전진하다

사슴은 과감히 숲으로 뛰어들었습니다. 그리고 나무숲 사이를 나는 듯이 달려서 빠져나갔지만, 어떻게 된 것인지 도중에 한 발짝도 앞으로 나아갈 수 없게 되어 버렸습니다.

じまんの角が、木の枝に引(ひ)っかかってしまったのです。

「く、くそっ。」

しかは、あせって、何とか外(はず)そうとしましたが、大(おお)きな角はしっかりと枝と枝の間にはさまってしまって、外れそうにありません[11]。

「速(はや)くしないと、ライオンが追(お)い付(つ)いてくるぞ。」

- じまん 자랑
- 引(ひ)っかかる 걸리다
- くそ 제기랄, 빌어먹을 〈남을 욕할 때, 자신이 분발하거나 분해할 때 하는 말〉
- あせる 조바심내다, 안달하다, 초조하게 굴다
- 外(はず)す 떼다, 떼어내다
- はさまる 사이에 끼이다
- 速(はや)く 빨리
- 追(お)い付(つ)く 따라잡다, 따라붙다

자랑거리인 뿔이 나뭇가지에 걸려버린 것입니다.

"제, 제기랄."

사슴은 조바심이 나서 어떻게든 빼내려고 했지만, 커다란 뿔은 단단하게 가지와 가지 사이에 끼어 버려서 빠질 것 같지 않습니다.

"빨리 하지 않으면 사자가 따라잡을 거야."

---

11 ～そうにない ～할 것 같지 않다 [동사 ます형+そうにない]

～そうだ의 부정형으로 어떤 일이 일어날 것 같지 않음을 나타낸다.

この本(ほん)は売(う)れそうにありません。

이 책은 팔릴 것 같지 않습니다.

しかは、なおも角を外そうと、いろいろやってみましたが、無理をすると首が折れてしまいそうで、なかなかうまく行きません。

とつぜん、後ろで、

「ウオーッ！」

というほえ声がしたかと思うと[12]、しかは、首すじにするどいいたみを感じました。

- いろいろ 여러 가지
- 無理(むり) 무리
- 首(くび) 목
- なかなか (뒤에 부정어가 와서) 쉽사리, 좀처럼
- うまくいく 잘 되다
- とつぜん 갑자기
- 首(くび)すじ 목덜미
- するどい 날카롭다, 예리하다
- いたみ 아픔, 통증
- 感(かん)じる 느끼다

사슴은 더욱더 뿔을 빼내려고 이것저것 해 보았지만, 무리하면 목이 부러져 버릴 것 같아 좀처럼 잘 되지 않습니다.

갑자기 뒤에서,

"어흥!"

하고 울부짖는 소리가 들리는 듯 싶더니, 사슴은 목덜미에 날카로운 통증을 느꼈습니다.

---

12 ~かと思うと ~하는 듯 싶더니, ~하는가 싶었는데

[명사, な형용사 어간, い형용사 · 동사 보통형+かと思うと]

앞일이 일어난 직후에 뒷일이 일어나는 것을 나타내는 표현이다.

空(そら)で何(なに)かぴかっと光(ひか)ったと思うと、かみなりが落(お)ちた。

하늘에서 무언가 번쩍하고 빛나는가 싶더니 벼락이 떨어졌다.

しかがぐずぐずしているうちに追い付いたライオンが、きばをむきだして飛(と)びかかってきたのです。

「ああ、何(なん)てことだ！」

いたみに気(き)が遠(とお)くなっていきながら、しかはさけびました。

「たよりなくてはずかしいと思っていた足に助(たす)けられ、じまんしていたりっぱな角にうら切(ぎ)られて死(し)んでいくなんて・・・・・・」

- □ ぐずぐず 우물쭈물
- □ きば 송곳니
- □ むきだす 드러내다
- □ 飛(と)びかかる 덤벼들다
- □ 気(き)が遠(とお)くなる 정신이 아찔해지다, 정신을 잃다, 까무러치다
- □ うら切(ぎ)られる 배신당하다 〈うら切るの 수동형〉

사슴이 우물쭈물하고 있는 사이에 따라잡은 사자가 송곳니를 드러내고 덤벼들어 온 것입니다.

"아, 이게 무슨 일이람!"

통증으로 정신을 잃어 가면서 사슴은 소리쳤습니다.

"미덥지 못하고 부끄럽다고 생각했었던 다리에게 도움을 받고, 자랑거리였던 훌륭한 뿔에게 배신당해 죽어 가다니……"

「はっはっは。おあいにくさま*。あまり信用していなかった友達に助けられ、信じていた友達にうら切られることは、よくあることさ。」

ライオンはあざわらいながら、しかを食い殺してしまいました。

- あまり 그리, 그다지, 별로
- 信用(しんよう) 신용
- 友達(ともだち) 친구
- 信(しん)じる 믿다
- あざわらう 비웃다
- 食(く)い殺(ころ)す 물어 죽이다, 잡아 먹다

"하하하. 그것 참 미안하구나. 별로 믿지 않고 있던 친구에게 도움을 받고, 믿고 있던 친구에게 배신당하는 일은 흔히 있는 일이지."

사자는 비웃으며 사슴을 잡아먹어 버렸습니다.

★ おあいにくさま 미안합니다

あいにく의 공손한 말로, 상대방의 기대에 응할 수 없어 미안하다는 마음을 나타내는 말이다. 비꼬는 뜻으로 말하는 경우도 있다.

おあいにくさま。ただ今(いま)満席(まんせき)でございます。

죄송합니다. 지금은 만석입니다.

☑ CHECK UP

「しかとライオン」의 내용을 상기하면서 풀어 보기 바랍니다.

1 다음 문장을 읽고 우리말로 옮겨 보세요.

❶ つかまったら、たちまち食い殺されてしまうでしょう。

→ ______________________________

❷ 無理をすると首が折れてしまいそうで、なかなかうまく行きません。

→ ______________________________

❸ こんなりっぱな角を持ったしかは、ぼくのほかにはいないにちがいない。

→ ______________________________

2 다음 [　　]에서 적당한 말을 골라 (　　) 안에 써 넣으세요.

ぐずぐず	ずんずん	ごくごく

❶ しかは(　　　　　)ライオンを引きはなしていきます。

❷ しかはいずみの水を(　　　　　)と飲みました。

❸ しかが(　　　　　)しているうちにライオンが追い付きました。

3 다음 [ ]에서 알맞은 말을 골라 문장을 완성하세요.

~とともに	~たとたん	~うちに

❶ 今の(　　　　　)森をぬけてしまおう。

❷ 足に目がつい(　　　　　)、得意な気持ちは、しゅーっとしぼんでしまいました。

❸ ほえ声(　　　　　)、近くの草むらから一頭のライオンが飛び出してきました。

4 다음 문장이 본문의 내용과 맞으면 ○, 틀리면 ×를 하세요.

❶ しかはいずみの水を飲みませんでした。(　　　)

❷ しかは水にうつった自分の足を見て得意になりました。(　　　)

❸ しかの足は折れてしまいました。(　　　)

❹ ライオンはしかを食い殺してしまいました。(　　　)

からすの失敗(しっぱい)

おなかのすいたからすが、えさをさがして町(まち)に飛(と)んできました。

「おなかがすいたあ、 おなかがすいたあ。何(なに)か、食(た)べるものはないカア。」

- からす 까마귀
- 失敗(しっぱい) 실패, 실수
- えさ 먹이
- 町(まち) 마을, 시내

배가 고픈 까마귀가 먹이를 찾아 마을로 날아왔습니다.
"배고파, 배고파. 뭔가 먹을 것 없나?"

からすが、きょろきょろ辺(あた)りを見回(みまわ)しながら飛(と)び回(まわ)っていると、肉屋(にくや)の店先(みせさき)に、肉(にく)がならべてある[1]のが見付(みつ)かりました。

「しめた。こいつはごちそうだ。」

からすは、さーっと肉屋の店先にまいおりました。

- きょろきょろ 두리번두리번
- 辺(あた)り 근처, 부근, 주위
- 見回(みまわ)す 둘러보다
- 飛(と)び回(まわ)る 날아다니다
- 肉屋(にくや) 정육점, 푸줏간
- 店先(みせさき) 가게 앞, 점두
- 肉(にく) 고기
- ならべる 늘어놓다, 나란히 놓다
- 見付(みつ)かる 발견되다
- こいつ 이것, 요것, 이놈
- ごちそう 맛있는 음식, 호화로운 음식
- さっと 동작, 변화 등이 재빠른 모양, 획, 훌쩍, 잽싸게, 날렵하게, 순식간에
- まいおりる 내려앉다

까마귀가 두리번두리번 주위를 둘러보면서 날아다니고 있자니, 정육점 앞에 고기가 늘어 놓여져 있는 것이 발견되었습니다.

"됐다, 이것은 나의 맛있는 음식이다."

까마귀는 잽싸게 정육점 앞에 내려앉았습니다.

---

1 **~てある ~(어)져 있다** [타동사 て형+ある]
누군가가 한 어떤 행동의 결과로서 남아 있는 상태를 나타낸다.

ドアが開(あ)けてある。 문이 열려져 있다.

「こらっ、いたずらからすめ！」

肉屋の人(ひと)たちが、気(き)が付(つ)いて、追(お)いはらおうとしましたが、

「おっと、ごちそうさま[2]。」

からすはすばやく、肉を一切(ひとき)れくちばしでかすめ取(と)って、まい上(あ)がりました。そうして、町外(まちはず)れまで飛(と)んでいって、一本(いっぽん)*の木(き)の枝(えだ)に止(と)まりました。

- こら 이놈, 이봐
- いたずら 장난
- からすめ 까마귀 녀석
- 追(お)いはらう 내쫓다, 쫓아 버리다
- おっと 깜짝 놀랐을 때, 문득 생각났을 때, 급히 제지시킬 때 내는 소리, 이크, 아이쿠, 아차, 가만
- (どうも)ごちそうさま(でした) 잘 먹었습니다
- すばやい 날래다, 재빠르다, 날렵하다
- 一切(ひとき)れ 한 조각
- くちばし 부리
- かすめ取(と)る 가로채다, 빼앗다
- まい上(あ)がる 날아오르다
- そうして 그리고, 그리고 나서
- 町外(まちはず)れ 변두리
- 止(と)まる (새, 벌레 등이) 앉다

*** ~本(ほん · ぼん · ぽん) ~개, 개비, 자루, 그루(가늘고 긴 것을 세는 조수사)**

一本(いっぽん)	二本(にほん)	三本(さんぼん)
四本(よんほん)	五本(ごほん)	六本(ろっぽん)
七本(ななほん)	八本(はっぽん)	九本(きゅうほん)
十本(じゅっぽん)	何本(なんぼん)	

"이놈, 장난꾸러기 까마귀 녀석!"

정육점 사람들이 눈치를 채고 쫓아버리려고 했지만,

"아이쿠, 잘 먹었습니다."

까마귀는 재빨리 고기를 한 점 부리로 가로채서 날아올라갔습니다. 그리고 마을 변두리까지 날아가서 한 나뭇가지에 앉았습니다.

2 **ごちそうさま 잘 먹었습니다**
どうもごちそうさまでした(잘 먹었습니다)의 준말이다.
음식을 먹기 전에는 いただきます(잘 먹겠습니다)라고 말한다.

ひさしぶりのごちそうなので[3]、ゆっくり食べようと思(おも)ったのです。

ちょうどその時(とき)、一(いっ)ぴき*のきつねがそこをとおりかかりました。

「ははん。からすのやつめ、どこかから肉をかっさらってきたな。よしよし、うまくだまして肉をいただいてしまおう。」

- ひさしぶり 오랜만
- ちょうど 마침
- とおりかかる 마침 그 곳을 지나가다
- かっさらう 채다, 가로채다, 낚아채다
- よし 그래, 옳지, 좋아 〈자신의 결의를 나타내는 말〉
- だます 속이다
- いただく 얻다, 먹다, 마시다 〈もらう, たべる, のむ의 겸양어〉

오랜만의 맛있는 음식이라 천천히 먹으려고 생각했던 것입니다.

마침 그때 여우 한 마리가 그곳을 지나갔습니다.

"후후. 까마귀 녀석, 어딘가에서 고기를 채 왔구나. 옳지, 잘 속여서 고기를 빼앗아 버려야지."

3 ~ので ~기 때문에 [동사 · い형용사 기본형, な형용사な+ので]

원인 및 이유를 나타낸다.

来週(らいしゅう)は試験(しけん)があるので、どこへも行(い)けない。

다음 주는 시험이 있기 때문에, 아무데도 갈 수 없다.

★ ~ひき・びき・ぴき(匹) ~마리(작은 동물을 세는 조수사)

いっぴき 한 마리　さんびき 세 마리　ろっぴき 여섯 마리

はっぴき 여덟 마리　じゅっぴき 열 마리　なんびき 몇 마리

にやりと笑(わら)ったきつねは、

「おや、からすさんじゃありませんか。」

と、木の上(うえ)のからすに声(こえ)をかけました。

「ごきげんはいかがですか。」

からすは、きつねを見(み)ましたが、肉をくわえているので、返事(へんじ)ができません。だまって軽(かる)くうなずきました。

- にやり(と) 히죽, 싱긋
- 笑(わら)う 웃다
- ごきげん 심기, 기분
- いかが 어떻게 〈상대의 기분, 의견 등을 묻는 말로, どう의 공손한 말〉
- くわえる 입에 물다
- だまる 입을 다물다, 침묵하다, 말없이 있다
- 軽(かる)く 가볍게
- うなずく 수긍하다, 고개를 끄덕이다

히죽히죽 웃은 여우는,

"어머, 까마귀님이 아닙니까?"

하고, 나무 위의 까마귀에게 말을 걸었습니다.

"건강은 어떠십니까?"

까마귀는 여우를 보았지만, 고기를 입에 물고 있어서 대답을 할 수 없습니다. 말없이 가볍게 고개를 끄덕였습니다.

するときつねは、

「あなたは、いつ見ても、おきれいですねえ。かわいい目(め)といい、かっこいいくちばしといい[4]、つやつやした黒(くろ)い羽(はね)といい、どこを取(と)ってもほかの鳥(とり)なんかかないっこありません[5]や。

- すると 그러자
- お～ (체언 · 용언 등에 붙어) 존경, 겸손, 공손을 나타내는 말
- きれいだ 예쁘다, 아름답다
- かわいい 귀엽다
- かっこいい 멋있다
- つやつや 반들반들, 반질반질
- 黒(くろ)い 검다
- 羽(はね) 깃털, 날개
- 取(と)る 취하다, (보기 등을)들다
- かなう 필적하다, 대항할 수 있다

그러자 여우는,

“당신은 언제 봐도 아름다우시군요. 귀여운 눈하며, 멋진 부리하며, 반들반들한 검은 깃털하며, 어디를 봐도 다른 새 따위는 당해낼 수 없습니다.

4 ~といい、~といい ~도, ~도 [명사+といい]
복수의 대상을 병렬해서 예시하는 경우에 사용된다.

質(しつ)といい、柄(がら)といい、申(もう)し分(ぶん)のないものだ。
질도 무늬도 더할 나위 없는 물건이다.

5 ~っこない ~할 리가 없다 [동사 ます형+っこない]
어떤 사항이 일어날 가능성을 단정적으로 부정할 때 사용된다.

彼女(かのじょ)に聞(き)いても、本当(ほんとう)のことは言(い)いっこない。
그녀에게 물어도 진실은 말할 리가 없다.

あなたは、鳥の王様(おうさま)にだってなれるお方(かた)だと、ぼくは思いますよ。」

と、さかんにからすをほめはじめました[6]。

これだけほめられれば[7]、うれしくないはずはありません[8]。からすは、ありがとうというように、何度(なんど)も何度も頭(あたま)を下(さ)げました。

- 王様(おうさま) 왕, 임금님
- ~だって ~이라도
- お方(かた) 분
- さかんに 열렬히, 맹렬히
- これだけ 이 정도, 이만큼
- ほめられる 칭찬받다 〈ほめる의 수동형〉
- 何度(なんど)も 몇 번이고, 몇 번이나
- 頭(あたま)を下(さ)げる 머리를 숙이다

당신은 새의 임금님도 될 수 있는 분이라고 나는 생각합니다."

하고, 열렬히 까마귀를 칭찬하기 시작했습니다.

이 정도로 칭찬 받으면 기쁘지 않을 리 없습니다. 까마귀는 고맙다고 말하는 듯이, 몇 번이고 몇 번이고 머리를 숙였습니다.

---

6 ~はじめる ~하기 시작하다 [동사 ます형+はじめる]
동작이나 작용 등의 개시를 나타낸다.

新聞(しんぶん)を読(よ)みはじめた。 신문을 읽기 시작했다.

7 ~ば ~면 [동사, い형용사, な형용사 가정형+ば]
아직 일어나지 않은 일 또는 이미 일어난 일에 대한 조건이나 가정을 나타낸다.

この本(ほん)を読(よ)めば分(わ)かります。 이 책을 읽으면 압니다.

8 ~はずはない ~할 리는 없다
[동사・い형용사 보통형, な형용사な, 명사+はずはない]
충분한 근거와 자신을 가지고 추측을 할 때 쓴다.

彼女(かのじょ)が試験(しけん)に落(お)ちるはずはない。
그녀가 시험에 떨어질 리는 없다.

きつねは、にこにこ笑いながら、一段(いちだん)と声(こえ)をはり上(あ)げて、

「それだけおきれいなんだから[9]、さぞかし声もきれいなんでしょうねえ。きっと、うっとりするようないい声なんじゃないですか。よろしかったら、あなたの声をぼくに聞(き)かせてくれませんか[10]。」

と、言(い)いました。

- にこにこ 생글생글, 싱글벙글
- 一段(いちだん)と 한층, 더욱, 훨씬
- はり上(あ)げる 소리를 지르다, 외치다
- それだけ 그 정도, 그만큼
- さぞかし 틀림없이, 필시
- ～から ~하니까, ~하므로
- きっと 분명, 반드시
- うっとり 황홀히, 멍하니, 넋을 잃고
- よろしい 좋다, 괜찮다 〈よい의 공손한 표현〉

여우는 생글생글 웃으면서 더욱 더 소리를 높여,

"그만큼 아름다우시니 분명 목소리도 아름다우시겠죠? 분명 넋을 잃을 정도로 멋진 목소리지요? 괜찮으시다면 당신의 목소리를 제게 들게 해 주지 않겠습니까?"

하고 말했습니다.

9 ~から ~하기 때문에, ~하니까, ~하므로

[동사 · い형용사 기본형, な형용사だ, 명사だ+から]

원인, 이유, 근거를 나타내는 표현으로 말하는 사람의 주관적인 느낌이 강하다.

図書館(としょかん)は静(しず)かだから、いつもここで勉強(べんきょう)します。 도서관은 조용하니까 항상 여기에서 공부합니다.

10 ~(さ)せてくれませんか ~하게 해 주지 않겠습니까?

[동사 사역형+てくれませんか]

허가, 승낙을 겸손하게 요구하는 표현이다.

私(わたし)にもその本(ほん)を読(よ)ませてくれませんか。

저에게도 그 책을 읽게 해 주지 않겠습니까?

きつねのお世辞に、すっかりいい気になったからすは、得意そうに、

「カア。」と、一声鳴きました。

そのとたん、肉はからすの口からはなれて、ぽとんときつねの足もとに落ちました。

- お世辞(せじ) 아부, 겉치렛말
- いい気(き)になる (상대로부터 좋은 말 또는 칭찬을 받고) 기분이 좋아지다.
- 一声(ひとこえ) 한 번 우는 소리
- 鳴(な)く (새가) 울다
- ぽとんと (아무렇게나 물건을 내던지거나 버리는 모양) 툭, 홱
- 足(あし)もと 발 밑
- 落(お)ちる 떨어지다

여우의 아부에 매우 우쭐해진 까마귀는 의기양양하게,

“까악.” 하고 한 번 울었습니다.

그 순간, 고기는 까마귀의 입에서 떨어져서 툭 하고 여우의 발밑에 떨어졌습니다.

「からす君(くん)、君(きみ)がもっと利口(りこう)だったら、それこそ鳥の王様になれただろうにね。どうもごちそうさま。」

きつねは、ばかにしたように笑って、落ちた肉をぺろりと食べてしまいました。

- 君(くん) 동료나 아랫사람의 이름에 붙이는 말. 군
- 君(きみ) 남자가 동년배 또는 손아랫 사람을 친근하게 부르는 말. 너, 자네
- もっと 더, 더욱
- 利口(りこう) 영리함, 슬기로움, 머리가 좋음, 똑똑함
- それこそ 그것이야말로
- ばかにする 업신여기다, 깔보다, 바보 취급하다
- ぺろり(と) 혀를 잽싸게 내미는 모양, 날름

“까마귀야, 네가 좀 더 영리했다면 그야말로 새의 임금님이 될 수 있었을 텐데 말이야. 잘 먹을게.”

여우는 깔보듯이 웃으며, 떨어진 고기를 날름 먹어 버렸습니다.

☑ CHECK UP 「からすの失敗」의 내용을 상기하면서 풀어 보기 바랍니다.

1 다음 문장을 읽고 우리말로 옮겨 보세요.

❶ 木の上のからすに声をかけました。

→ ______________________________

❷ ごちそうなので、ゆっくり食べようと思ったのです。

→ ______________________________

❸ これだけほめられれば、うれしくないはずはありません。

→ ______________________________

2 아래 ▭에서 적당한 말을 넣어 문장을 완성해 보세요.

にこにこ	きょろきょろ	ぺろり

❶ 落ちた肉を(　　　　　　)と食べました。

❷ きつねは(　　　　　　)笑いながら一段と声をはり上げました。

❸ からすは(　　　　　　)辺りを見回しながら飛び回っています。

3 [　　] 안의 단어를 활용하여 문장을 완성하세요.

❶ どこを取ってもほかの鳥なんか(　　　　　　　)っこありません。[かなう]

❷ よろしかったら、あなたの声をぼくに(　　　　　　　)せてくれませんか。[聞く]

❸ きつねはさかんにからすを(　　　　　　　)はじめました。[ほめる]

4 다음 문장이 본문의 내용과 맞으면 ○, 틀리면 ×를 하세요.

❶ からすは肉屋で肉をかすめ取りました。(　　　)

❷ からすはきつねをほめました。(　　　)

❸ からすは鳥の王様です。(　　　)

❹ きつねは落ちたからすの肉を食べてしまいました。(　　　)

北風(きたかぜ)と太陽(たいよう)

ある時(とき)、北風(きたかぜ)と太陽(たいよう)が、どちらが強(つよ)いかで、言(い)い争(あらそ)いをしました。

「それはもう、おれ様(さま)に決(き)まっている。おれ様(さま)が、一度(ひとたび)ふきまくれば、木(き)も草(くさ)も悲鳴(ひめい)をあげ、家(いえ)の屋根(やね)だって、ふき飛(と)ぶぞ。」

- 北風(きたかぜ) 북풍
- 太陽(たいよう) 태양, 해
- 強(つよ)い 강하다
- 言(い)い争(あらそ)い 말싸움
- 決(き)まる 정해지다
- おれ様(さま) 거들먹거리며 자기를 과시할 때 쓰는 말. 나
- 一度(ひとたび) 한 번
- ふきまくる 휘몰아치다
- 草(くさ) 풀
- 悲鳴(ひめい)をあげる 비명을 지르다
- 家(いえ) 집
- 屋根(やね) 지붕
- ふき飛(と)ぶ 바람에 날리다, 바람에 날아가다

어느 날, 북풍과 태양이 누가 더 강한지 말다툼을 했습니다.

"그거야 이미 나로 정해져 있지. 내가 한 번 휘몰아치면 나무도 풀도 비명을 지르고, 집의 지붕조차 바람에 날아간다고."

北風がえらそうに言(い)うと、

「なんのなんの。わたしのほうが強いさ。わたしがじりじり照(て)らせば、人(ひと)も動物(どうぶつ)も、たまらなくなって木(こ)かげにかけこむ。」

と、太陽も負(ま)けてはいません。

- えらい 훌륭하다, 대단하다
- なんの 의문을 나타냄, 어떠한, 무슨
- じりじり (태양 등이 내리쬐는 모양) 쨍쨍, 이글이글
- 照(て)らす 비추다
- 動物(どうぶつ) 동물
- たまらない 견딜 수 없다, 참을 수 없다
- 木(こ)かげ 나무그늘
- かけこむ 뛰어들다
- 負(ま)ける 지다, 패하다

북풍이 뻐기듯이 말하자,

"무슨 말이야. 내가 더 강하지. 내가 이글이글 내리쬐면 사람도 동물도 참지 못하고 나무그늘로 뛰어들어가."

하고, 태양도 지지는 않았습니다.

ああだこうだと言(い)い争(あらそ)ったあげく[1]、口(くち)で言(い)っていても仕様(しよう)がないから、じっさいに、おたがいの力(ちから)を試(ため)してみようということになりました。

「あれが見(み)えるか。」

北風が、下(した)のほうを指(ゆび)さしました。野原(のはら)の一本(いっぽん)道(みち)を、一人(ひとり)の旅人(たびびと)が歩(ある)いています。

- ああだこうだ 이렇다 저렇다, 이러쿵저러쿵
- 言(い)い争(あらそ)う 말다툼하다
- 仕様(しよう)がない 어쩔 도리가 없다, 할 수 없다
- じっさいに 실제로
- おたがい 서로
- 試(ため)す 시험해 보다
- 指(ゆび)さす (손가락으로) 가리키다
- 野原(のはら) 들, 들판
- 一本道(いっぽんみち) 외길
- 一人(ひとり) 한 사람, 혼자
- 旅人(たびびと) 나그네, 여행자

이렇다 저렇다 말다툼한 끝에, 말로 해도 어쩔 도리가 없으니 실제로 서로의 힘을 시험해 보기로 했습니다.

"저게 보이냐?"

북풍이 아래쪽을 가리켰습니다. 들판의 외길을 한 명의 나그네가 걷고 있습니다.

1 **~たあげく ~한 끝에, ~한 결과** [동사 た형+あげく]

어쩔 수 없이 어떠한 결론을 내리게 되었다는 의미가 강하다.

悩(なや)んだあげく、車(くるま)を売(う)ることにした。

고민한 끝에, 차를 팔기로 했다.

「どうだ、あの旅人の着物(きもの)をぬがせたほうが、勝(か)ちということにしようじゃないか。」

「いいね。やってみよう。」

太陽は、面白(おもしろ)そうにうなずきました。

「ようし。じゃあ、まず、おれ様から行(い)くぞ！」

北風は、さっそくほおをふくらませると、旅人に向(む)かってピューッと、冷(つめ)たい風(かぜ)をいきおいよくふきつけました。

- 着物(きもの) 옷
- ぬがす 벗기다, 벗게 하다
- 勝(か)ち 승리
- 面白(おもしろ)い 재미있다
- うなずく 수긍하다, 고개를 끄덕이다
- さっそく 곧, 즉시, 당장
- まず 우선, 먼저
- ~から ~부터
- ほお 볼, 뺨
- ふくらます 부풀리다
- ピューッ 바람이 부는 소리, 후우
- 冷(つめ)たい 차갑다
- ふきつける (바람 등이) 세차게 불어대다, (입김 등을) 세게 내불다

"어때, 저 나그네의 옷을 벗기는 쪽이 이기는 것으로 하지 않을래?"

"좋아. 해 보자."

태양은 재미있다는 듯이 고개를 끄덕였습니다.

"좋아. 그럼, 우선 나부터 해 보지!"

북풍은 즉시 볼을 부풀리더니 나그네를 향해 후우 하고 차가운 바람을 세차게 내불었습니다.

「うわっ、さ、さむ・・・・・・！」

とぼとぼと歩いていた旅人は、真(ま)っ正面(しょうめん)からいきなり冷たい風がふきつけてきたので、おどろいて、ボタンをきっちりと、のどもとまでしめ、えりを立(た)てました。

「ふん、そんなことをしたって、むださ。」

北風はあざわらって、一段(いちだん)と力(ちから)をこめてふきつけました。

- さむい 춥다
- とぼとぼ 터벅터벅
- 真(ま)っ正面(しょうめん) 바로 정면
- いきなり 갑자기
- おどろく 놀라다
- ボタン 단추
- きっちり 빈틈없는 모양, 꽉 들어맞는 모양, 꽉, 딱
- のどもと 목 언저리, 목구멍
- しめる 잠그다
- えり 옷깃
- 立(た)てる 세우다
- あざわらう 비웃다
- 一段(いちだん)と 한층, 더욱, 훨씬
- 力(ちから) 힘
- こめる 담다, 기울이다

"어이쿠, 추워라……"

터벅터벅 걷고 있던 나그네는, 정면에서 갑자기 차가운 바람이 불어왔기 때문에, 깜짝 놀라 단추를 빈틈없이 목 언저리까지 채우고, 옷깃을 세웠습니다.

"흥, 그런 짓을 해도 소용없어."

북풍은 비웃으면서 더욱더 힘을 실어 내불었습니다.

「こ、こりゃ、たまらん。」

寒(さむ)さにふるえ上(あ)がった旅人は、着物をぬぐどころか[2]、せなかの荷物(にもつ)を降(お)ろすと、中(なか)から上着(うわぎ)を取(と)り出(だ)して、きこみました。

「おいおい、そりゃないだろう。」

おこった北風は、なおいっそう力をこめて、冷たい風をふきつけました。

- □ たまらん 견딜 수 없다 〈たまらない에서 ない가 ん으로 축약된 형태〉
- □ 寒(さむ)さ 추위
- □ ふるえ上(あ)がる 부들부들 떨다, 바짝 움츠러들다
- □ せなか 등
- □ 荷物(にもつ) 짐
- □ 降(お)ろす 내리다, 내려놓다
- □ 上着(うわぎ) 겉옷, 웃옷
- □ 取(と)り出(だ)す 꺼내다, 끄집어내다
- □ きこむ 여러 벌 껴입다
- □ おこる 화내다
- □ なお 더욱
- □ いっそう 한층, 더 더욱

"이, 이거, 못 참겠다."

추위에 바짝 움츠러든 나그네는 옷을 벗기는커녕 등에 진 짐을 내리더니 안에서 겉옷을 꺼내 껴입었습니다.

"어이 어이, 그건 아닌데."

화가 난 북풍은 한층 더 힘을 실어 차가운 바람을 내불었습니다.

2 **~どころか ~는 커녕** [동사 · い형용사 기본형, な형용사な, 명사+どころか]
앞의 사항을 부정함으로써 뒤에 이어지는 사항을 강조할 때 사용한다.

病気(びょうき)が治(なお)るどころか、悪(わる)くなる一方(いっぽう)だ。
병이 낫기는커녕 더 나빠지기만 한다.

「な、なんて、つ、冷たい、風だ・・・・・・」

旅人は、もう息(いき)をつくのもやっとのありさまで、なんとか風が止(や)むのを待(ま)とうと、その場(ば)にしゃがみこみ、いも虫(むし)のように、体(からだ)を丸(まる)めてしまいました。

「く、くそっ。」

- ありさま 모양, 형편, 상태, 꼴
- 止(や)む 멎다, 그치다
- 待(ま)つ 기다리다
- 場(ば) 곳, 장소, 자리, 장
- しゃがみこむ 웅크리고 앉다, 주저앉다
- いも虫(むし) 애벌레
- 丸(まる)める 둥글게 하다

"뭐, 뭐야, 차, 차가운 바람이다……"

나그네는 겨우 숨만 쉴 정도가 되어 어떻게든 바람이 그치기를 기다리려고, 그 자리에 주저앉아 애벌레처럼 몸을 둥글게 말아 버렸습니다.

"제, 제기랄."

北風は顔を真っ赤にして、なおも強くふきつけましたが、旅人は石みたいに、動こうとしません。

「ふう、もう、だめだあ・・・・・・」

さすがの北風も、力を使い果たして、降参してしまいました。

「では、今度は、わたしの番だね。」

太陽が言って、北風と交代すると、旅人に向かって、ぽかぽかとあたたかい日差しを投げかけました。

- 顔(かお) 얼굴
- 真(ま)っ赤(か) 새빨감
- 動(うご)く 움직이다
- さすがの 그토록 (대단한) ~도
- 使(つか)い果(は)たす 전부 써 버리다
- 降参(こうさん)する 항복하다, 굴복하다
- 今度(こんど) 이번
- 番(ばん) 차례
- 交代(こうたい) 교대
- ぽかぽか (따스하게 느껴지는 모양) 후끈후끈, 포근포근
- あたたかい 따뜻하다
- 日差(ひざ)し 햇살, 볕
- 投(な)げかける 던지다, 보내다

북풍은 얼굴이 새빨져서 계속 세차게 내불었지만, 나그네는 돌처럼 움직이려고 하지 않습니다.

“후우, 더는 못 하겠다……”

그토록 자신만만하던 북풍도 힘을 전부 써 버려서 항복하고 말았습니다.

“그럼, 이번에는 내 차례야.”

태양이 말하고 북풍과 교대하더니 나그네를 향해 포근하고 따뜻한 햇볕을 보냈습니다.

「おや？」

急(きゅう)にあたたかくなったので、旅人は顔を上(あ)げました。風が止んで、太陽が照(て)っています。

「ああ、助(たす)かった。日(ひ)が照ってきたぞ。」

旅人はほっとして立(た)ち上(あ)がると、冷たい風にちぢこまっていた体(からだ)をのばし、ゆっくりと歩(ある)き出(だ)しました。

- 急(きゅう)に 갑자기
- 上(あ)げる 들다, 올리다
- 照(て)る 밝게 빛나다, 비치다
- ほっとする 안심하다
- 立(た)ち上(あ)がる 일어서다
- ちぢこまる 오그라들다, 움츠러들다
- のばす 펴다
- ゆっくり 천천히, 느긋하게
- 歩(ある)き出(だ)す 걷기 시작하다

"어라?"

갑자기 따뜻해져서 나그네는 얼굴을 들었습니다. 바람이 그치고 태양이 내리쬐고 있습니다.

"아, 살았다. 해가 비치기 시작했어."

나그네는 안심하고 일어서더니 차가운 바람에 움츠리고 있었던 몸을 펴고 천천히 걷기 시작했습니다.

「そうそう、しっかりと歩きなさい[3]。」

太陽はうなずいて、今度(こんど)は少(すこ)し強く照(て)らしました。

「何(なん)だか、暑(あつ)くなってきたな。」

旅人は、歩きながらあせをふき、それでもまだ暑かったのか、上着(うわぎ)をぬぎました。

「よしよし。もうちょっとだ。」

- 暑(あつ)い 덥다
- あせ 땀
- ふく 닦다, 훔치다
- それでも 그럼에도 불구하고, 그런데도
- ちょっと 좀, 조금, 약간

"그래 그래, 열심히 걸어라."

태양이 고개를 끄덕이며 이번엔 조금 강하게 비추었습니다.

"왠지 더워졌는걸."

나그네는 걸으면서 땀을 닦고, 그래도 아직 더웠는지 겉옷을 벗었습니다.

"좋아 좋아, 조금만 더."

---

3 **~なさい ~하세요** [동사 ます형+なさい]

가벼운 명령표현으로 주로 손아랫사람에게 사용한다.

この本(ほん)を読(よ)みなさい。

이 책을 읽으세요.

太陽はほほえんで、今度(こんど)は、じりじりと強い日差しで旅人を照らしつけました。

「うわあ、暑い！　たまらん[4]！」

旅人は、照(て)り付(つ)ける熱(あつ)い日差しに、がまんができなくなって、着物を全部(ぜんぶ)ぬぎすてると、ちょうど近(ちか)くを流(なが)れていた川(かわ)に、ざぶーん飛(と)びこみました。

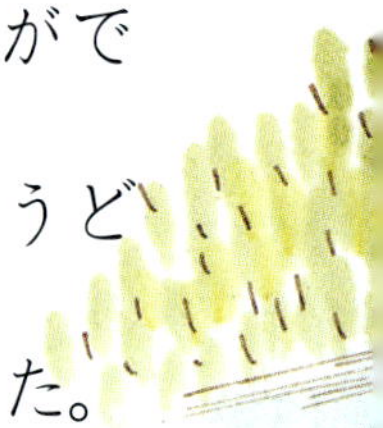

- ほほえむ　미소짓다
- ～つける　동작이 격렬함을 나타냄
- 熱(あつ)い　뜨겁다
- がまん　참음, 견딤
- 全部(ぜんぶ)　전부, 모두
- ぬぎすてる　벗어 던지다
- ちょうど　마침
- 流(なが)れる　흐르다
- ざぶん　(물에 뛰어들거나 물을 뒤집어쓰는 소리) 텀벙, 첨벙, 풍덩
- 飛(と)びこむ　뛰어들다

태양은 미소지으며 이번에는 이글이글 강한 햇볕으로 나그네를 내리쪼였습니다.

"아이고, 더워! 못 참겠다!"

나그네는 내리쬐는 뜨거운 햇볕을 참지 못하게 되어 옷을 전부 벗어 던지더니, 마침 근처에 흐르는 강으로 풍덩 하고 뛰어들었습니다.

---

4 **～ん ～않다** [동사 ない형+ん]

부정을 나타내는 ない의 변한 말로, 불규칙 동사 する는 せん, 来る는 こん이 된다.

この問題(もんだい)は分(わ)からん。

이 문제는 모른다.

「どうやら、勝(か)ったのはわたしのようだね。」

太陽はにっこり笑(わら)って、北風をふりかえりました。

この話(はなし)のように、力ずくで、無理(むり)におし通(とお)そうとしても、物事(ものごと)はうまく行きません。

- どうやら 아무래도
- にっこり 생긋, 방긋
- 力(ちから)ずく 힘으로 밀어붙임, 우격다짐으로 함
- 無理(むり)に 무리하게, 억지로
- おし通(とお)す 끝까지 밀고 나가다
- 物事(ものごと) 세상사, 매사

"아무래도 이긴 것은 나인 것 같네."

태양은 싱긋 웃으며 북풍을 뒤돌아보았습니다.

이 이야기처럼 힘으로 밀어붙여, 무리하게 끝까지 밀고 나가려고 해도 세상 일은 잘 되지 않습니다.

CHECK UP

「北風と太陽」의 내용을 상기하면서 풀어 보기 바랍니다.

1 다음 문장을 읽고 우리말로 옮겨 보세요.

❶ 無理におし通そうとしても、物事はうまく行きません。

→ ______________________________

❷ 旅人は歩きながらあせをふきました。

→ ______________________________

❸ 急にあたたかくなったので、旅人は顔を上げました。

→ ______________________________

2 아래 ☐에서 적당한 말을 넣어 문장을 완성해 보세요.

ぽかぽか	じりじり	とぼとぼ

❶ 一人の旅人が一本道を(　　　　　　)と歩いています。

❷ 太陽が(　　　　　　)照らせば、人も動物もたまらなくなって木かげにかけこむ。

❸ 太陽は(　　　　　　)とあたたかい日差しを投げかけました。

3 [ ] 안의 단어를 활용하여 문장을 완성하세요.

❶ 北風が(　　　　　　　)そうに言いました。[えらい]

❷ 着物を(　　　　　　　)どころか、かばんの中から上着を取り出してきこみました。[ぬぐ]

❸ (　　　　　　　)あげく、おたがいの力を試してみようということになりました。[言い争う]

4 다음 문장이 본문의 내용과 맞으면 ○, 틀리면 ×를 하세요.

❶ 北風と太陽は旅人の着物をぬがせたほうが、勝ちということにしました。(　　　)

❷ 北風は冷たい風で旅人の着物をぬがせました。(　　　)

❸ 太陽は強い日差しで旅人の着物をぬがせました。(　　　)

❹ 勝ったのは北風でした。(　　　)

すばらしい宝物(たからもの)

お百姓(ひゃくしょう)がいました。

わかいころからいっしょうけんめい働(はたら)いてきましたが、年(とし)を取(と)って、だんだん体(からだ)が言(い)うことを聞(き)かなくなってきました。

- すばらしい 매우 훌륭하다, 멋있다
- 宝物(たからもの) 보물
- 百姓(ひゃくしょう) 농사꾼, 농민
- わかい 젊다
- ～ころ ~때, 무렵, 시절
- いっしょうけんめい 열심히
- 働(はたら)く 일하다
- 年(とし)を取(と)る 나이를 먹다
- だんだん 점점

훌륭한 보물

농부가 있었습니다.

젊은 시절부터 열심히 일해 왔지만, 나이가 들어 점점 몸이 말을 듣지 않게 되었습니다.

「そろそろ、わしにも、あの世(よ)からおむかえが来(く)るんだろう。」

お百姓はそう思(おも)いました。

お百姓は、いつ死(し)んでもいいように[1]と、身(み)の回(まわ)りを整理(せいり)し、心(こころ)のじゅんびを整(ととの)えていましたが、たった一(ひと)つ、心配(しんぱい)なことがありました。それは、息子(むすこ)たちのことでした。

- そろそろ 슬슬, 이제 곧
- わし 나 〈주로 나이든 남성이 씀〉
- あの世(よ)からおむかえがくる 죽다 〈저승에서 마중하러 온다는 뜻임〉
- 死(し)ぬ 죽다
- 身(み)の回(まわ)り 자기 주위, 신변
- 整理(せいり) 정리
- 心(こころ) 마음
- じゅんび 준비
- 整(ととの)える 정돈하다, 갖추다
- たった 다만, 단지, 오직
- 一つ(ひとつ) 하나, 한 가지
- 心配(しんぱい) 걱정
- 息子(むすこ) 아들
- ～たち ~들 〈사람, 생물을 나타내는 말 뒤에 붙어 복수를 나타내는 말〉

"슬슬 나도 저 세상에 갈 때가 되었구나."

농부는 그렇게 생각했습니다.

농부는 언제 죽어도 괜찮도록 신변을 정리하고 마음의 준비를 하고 있었지만, 단 한 가지 걱정스러운 것이 있었습니다. 그것은 아들들의 문제였습니다.

---

1 **~ように ~하도록** [동사 기본형+ように]
소원, 바람, 어떤 동작의 목적을 나타낸다.

風邪(かぜ)をひかないように気(き)をつけてください。
감기에 걸리지 않도록 주의해 주세요.

お百姓には三人(さんにん)の息子がいました。

「いいですねえ、りっぱな息子さんが三人もいて。何(なん)の心配もないでしょう。」

と、人(ひと)からはうらやまれるのですが、お百姓から見ると[2]、息子たちはまだまだたよりない感(かん)じでした。

- りっぱ 훌륭함
- うらやまれる 부러움을 사다 〈うらやむ의 수동형〉
- まだまだ 아직도
- 感(かん)じ 느낌, 인상

농부에게는 3명의 아들이 있었습니다.

“좋겠군요, 훌륭한 아드님이 3명이나 있어서. 아무런 걱정도 없겠어요.”

라고, 남들로부터는 부러움을 샀지만 농부가 보기에는, 아들들은 아직도 미덥지 못한 기분이었습니다.

2 ～から見ると ～(의 입장)에서 보면 [명사+から見ると]

私(わたし)から見ると彼(かれ)はまだ子供(こども)です。

내 입장에서 보면 그는 아직 아이입니다.

「あの子(こ)たちは、まだ、骨身(ほねみ)をおしんで働くということを知(し)らない。少(すこ)しでもひまを見(み)つけてなまけようとする。このままだと、わしが死(し)んだ後(あと)、畑(はたけ)はあれ果(は)てて、だめになってしまうかもしれない[3]……」

お百姓の心配は、そのことだったのです。

- 子(こ) 자식, 아이
- 骨身(ほねみ)をおしむ 고생을 꺼리다
- 知(し)る 알다
- ひま 틈, 짬
- 見(み)つける 발견하다, 찾다
- なまける 게으름 피우다
- このまま 이대로
- 後(あと) 뒤, 후
- 畑(はたけ) 밭
- あれ果(は)てる 매우 황폐해지다

"저 아이들은 아직 고생을 꺼려하고 일하는 것을 몰라. 잠시라도 쉴 틈을 찾아서 게으름 피우려고 하지. 이대로라면 내가 죽은 뒤에 밭은 매우 황폐해져서 못 쓰게 되어 버릴지도 몰라……"

농부의 걱정은 그것이었습니다.

3 ~かもしれない ~일지도/할지도 모른다

[동사 · い형용사 보통형, な형용사 어간, 명사+かもしれない]

말하는 자의 추측을 나타낸다.

彼(かれ)は秘密(ひみつ)を言(い)ってしまうかもしれない。

그는 비밀을 말해 버릴지도 모른다.

「とにかく、わしが死んだ後も、息子たちがなまけずに[4]働いて、りっぱな畑にするようにしなければならない[5]。」

そのことをずーっと考(かんが)えつづけて[6]きたお百姓は、いよいよ死(し)が近付(ちかづ)いたある日(ひ)、息子たちをよんでこんなことを言いました。

- とにかく 여하튼, 아무튼, 어쨌든
- ずっと 오랫동안 계속되는 모양, 줄곧, 계속
- 考(かんが)える 생각하다
- いよいよ 마침내, 드디어
- 死(し) 죽음
- 近付(ちかづ)く (시기, 계절, 시각 등이) 다가오다, 가까워지다
- ある日(ひ) 어느 날
- よぶ 부르다

"아무튼 내가 죽은 뒤에도 아들들이 게으름피우지 않고 일해서, 훌륭한 밭을 만들게 하지 않으면 안 돼."

그것을 계속 생각해 왔던 농부는 마침내 죽음이 가까워진 어느 날, 아들들을 불러 이런 말을 했습니다.

---

4 **~ずに ~하지 않고** [동사 ない형+ずに]

부정을 나타내는 표현으로 회화에서는 ~ないで를 사용한다.

ご飯(はん)を食(た)べずに学校(がっこう)へ行(い)った。
밥을 먹지 않고 학교에 갔다.

5 **~なければならない ~하지 않으면 안 된다, ~해야 한다**
[동사 ない형+なければならない]

의무, 필요를 나타내는 표현으로, 일반적으로 누구에게나 해당되는 필요성을 나타낸다.

大人(おとな)は子供(こども)を守(まも)らなければならない。
어른은 아이를 보호하지 않으면 안 된다.

6 **~つづける 계속 ~하다** [동사 ます형+つづける]

동작, 작용의 계속을 나타낸다.

亡(な)くなった父(ちち)のことを思(おも)いつづけてきた。
돌아가신 아버지를 계속 생각해 왔다.

「わしはもうじきこの世におさらばする。わしが死んだら、お前(まえ)たちで、ぶどう畑(ばたけ)をほり返(かえ)してみるがいい。きっと、いいものが見(み)つかるだろう。これがわしのゆいごんだ。どうだ、お前たち、わしのゆいごんを聞(き)いてくれるかな。」

息子たちは、顔(かお)を見(み)合(あ)わせて、うなずきました。

- もうじき 곧
- おさらば 안녕, 작별, 이별
- ほり返(かえ)す (흙을) 파서 뒤엎다, 파서 일구다, 다시 파다, 다시 파서 묻힌 것을 꺼내다
- きっと 꼭, 반드시
- 見(み)つかる 찾게 되다, 발견되다
- ゆいごん 유언
- 見合(みあ)わせる 마주 보다

"나는 곧 이 세상을 떠날게다. 내가 죽거든 너희들은 포도밭을 파 보는 게 좋을게다. 분명 좋은 것이 발견될게다. 이게 내 유언이다. 어떠냐, 너희들 나의 유언을 들어 주겠니?"

아들들은 얼굴을 마주 보고 끄덕였습니다.

それからしばらくして、お百姓はなくなりました。おそうしきがすむと、三人の息子たちは、さっそくぶどう畑をほり返しはじめました。

「お父(とう)さんは、きっと、すばらしい宝物をうめたにちがいない。」

「そうだ。宝石(ほうせき)かな、それとも金貨(きんか)かな。」

「そいつをほり出(だ)せば、もうあせ水(みず)たらして働かなくてもいい[7]。」

息子たちは、目(め)をかがやかせながら、ぶどう畑をすみからすみまでほり返しました。

- なくなる 돌아가시다, 죽다
- そうしき 장례식
- すむ 끝나다
- お父(とう)さん 아버지, 아버님
- うめる 묻다
- 宝石(ほうせき) 보석
- それとも 그렇지 않으면, 아니면 〈어느 하나를 고를 때 쓰는 말〉
- 金貨(きんか) 금화
- そいつ 그 녀석, 그것
- ほり出(だ)す 파내다
- あせ水(みず) 물처럼 흐르는 땀
- たらす 흘리다, 뚝뚝 떨어뜨리다
- 目(め)をかがやかす 눈을 빛내다
- すみからすみまで 구석구석

그리고 나서 얼마 후 농부는 죽었습니다. 장례식이 끝나자 3명의 아들들은 당장 포도밭을 파기 시작했습니다.

"아버지는 분명 훌륭한 보물을 묻었음에 틀림없어."

"그래. 보석일까, 아니면 금화일까?"

"그걸 파내면 이제 땀 뻘뻘 흘리며 일하지 않아도 돼."

아들들은 눈을 빛내면서 포도밭을 구석구석 팠습니다.

---

7 ～なくてもいい ～하지 않아도 된다 [동사 ない형 +なくてもいい]

'~할 필요가 없다'라는 의미를 나타낸다. 「～なくてもかまわない」「～なくても大丈夫(だいじょうぶ)」 등의 표현도 자주 쓰인다.

仕事(しごと)が忙(いそが)しい場合(ばあい)は無理(むり)して来(こ)なくてもいい。

일이 바쁜 경우에는 무리해서 오지 않아도 됩니다.

ところが、いくらほっても[8]、宝石どころか、金貨一枚(いちまい)出(で)てきません。

「なんだ、何(なん)にも出てこないじゃないか。」

「お父さんにだまされた。」

「あーあ、骨折(ほねお)りぞんのくたびれもうけだ。」

息子たちは、がっかりしてしまいましたが、それからしばらくして、お父さんのゆいごんの本当(ほんとう)の意味(いみ)が分(わ)かりました。

- ほる 파다
- ~枚(まい) (금화를 세는 말) ~닢, (종이, 널빤지 등을 세는 말) ~장
- 出(で)る 나오다
- 何(なん)にも (뒤에 부정형이 따르며) 아무것도 ＝何(なに)も
- だまされる 속다 〈だます의 수동형〉
- 骨折(ほねお)りぞんのくたびれもうけ 고생만 하고 전혀 보람이 없는 것을 비유하는 말
- 意味(いみ) 의미, 뜻
- 分(わ)かる 알다, 알게 되다

그런데, 아무리 파도 보석은커녕 금화 한 닢 나오지 않습니다.

"뭐야, 아무것도 나오지 않잖아."

"아버지한테 속았어."

"아아, 고생만 하고 전혀 보람이 없군."

아들들은 실망하고 있었지만, 그리고 나서 얼마 후 아버지 유언의 참뜻을 알게 되었습니다.

---

8 いくら～ても/でも 아무리 ~해도 [いくら+동사 て형+ても/でも]

정도를 강조할 때 쓴다.

いくら練習(れんしゅう)しても上手(じょうず)にならない。

아무리 연습을 해도 능숙해지지 않는다.

宝物をさがす息子たちの手で、ぶどう畑がすみからすみまできれいにたがやされたので、その年(とし)はぶどうがいつもにくらべて百倍(ひゃくばい)もの実(み)を付(つ)けたのです。

骨身をおしまず働くことこそ、人間(にんげん)にとって[9]本当の宝物だということに、息子たちは初(はじ)めて気(き)が付(つ)いたのでした。

- たがやす (논밭을) 갈다, 일구다, 경작하다
- いつも 여느 때, 평소, 평상시
- くらべる 비교하다
- ～倍(ばい) ~배
- ～も 사실에 대한 강조를 나타냄. ~도, ~나
- 実(み)を付(つ)ける 열매를 맺다, 열매가 열리다
- 人間(にんげん) 인간, 사람
- 初(はじ)めて 처음으로

보물을 찾는 아들들의 손으로 포도밭이 구석구석 깨끗하게 일궈졌기 때문에, 그 해는 포도가 평소와 비교해서 100배나 많은 열매를 맺었습니다.

고생을 마다하지 않고 일하는 것이야말로, 사람에게 있어 진정한 보물이라는 것을 아들들은 처음으로 깨달은 것입니다.

---

9 ~にとって ~에 있어서, ~로서 [명사+にとって]

판단하거나 평가하는 입장 · 시점을 나타낼 때 사용한다.

南大門(ナムデムン)は韓国人(かんこくじん)にとって貴重(きちょう)な文化財(ぶんかざい)です。

남대문은 한국인에게 있어서 귀중한 문화재입니다.

CHECK UP

「すばらしい宝物」의 내용을 상기하면서 풀어 보기 바랍니다.

1 다음 문장을 읽고 우리말로 옮겨 보세요.

❶ 骨身をおしまず働くことこそ人間にとって本当の宝物です。

→ ______________________________

❷ お百姓はいつ死んでもいいようにと身の回りを整理しました。

→ ______________________________

❸ 畑ははれ果てて、だめになってしまうかもしれない。

→ ______________________________

2 다음 문장이 본문의 내용과 맞으면 ○, 틀리면 ×를 하세요.

❶ お百姓には三人の息子がいました。(　　　)

❷ 息子たちは少しでもひまを見つけてなまけようとしました。
(　　　)

❸ 息子たちがぶどう畑をほり返すと宝石と金貨が出てきました。
(　　　)

❹ 息子たちがぶどう畑をきれいにたがやしたので、ぶどうがいつものくらべて百倍もの実を付けました。(　　　)

3 아래 ( )에서 적당한 말을 넣어 문장을 완성해 보세요.

まだまだ　　だんだん　　いよいよ

❶ お百姓は(　　　　　)死が近付いたある日、息子たちをよびました。

❷ 息子たちは(　　　　　)たよりない感じでした。

❸ 年を取って(　　　　　)体が言うことを聞かなくなってきました。

4 다음 보기와 같이 문장을 바꾸어 보세요.

보기 りっぱな畑にするようにする。
→ りっぱな畑にするようにしなければならない。

❶ 朝(あさ)5時に起(お)きる。[起きる 일어나다]

→ ______

❷ 本を読(よ)む。[読む 읽다]

→ ______

❸ はをみがく。[は 이, みがく 닦다]

→ ______

❹ 先生が来る。

→ ______

CHECK UP 해답

해답 및 번역도 함께 실었습니다.

きつねとぶどう

1 ❶ 먹을 수 있을 것 같은 것은 발견되지 않습니다.
❷ 여우는 털썩하고 땅바닥에 떨어지고 말았습니다.
❸ 입맛을 다시면서 당장 포도를 따려고 했습니다.

2 ❶ みたいに | 포도는 '어서 드세요'라고 말하는 듯이 가지에 매달려 있었습니다.
❷ きれない | 포기할 수 없는 여우는 이번에는 힘차게 달려왔습니다.
❸ ように | 눈을 크게 뜨고 집중하여 여기저기 둘러보았습니다.
❹ なんて | 맛있어 보이는 포도를 먹을 수 없다니 분하군.

3 보기 | 뱃가죽과 등가죽이 달라붙을 것 같다.
❶ 明日は雨が降りそうだ。 | 내일은 비가 내릴 것 같다.
❷ このパンはおいしそうだ。 | 이 빵은 맛있을 것 같다.
❸ 学校に遅れそうだ。 | 학교에 늦을 것 같다.
❹ あの青いぼうしは高そうだ。 | 저 파란 모자는 비쌀 것 같다.

4 ❶ ○ | 여우는 먹을 것을 찾아서 넓은 들판을 걷고 있었습니다.
❷ ○ | 포도나무는 매우 높아서 여우는 키가 닿지 않았습니다.
❸ × | 여우는 포도송이를 땄습니다.
❹ × | 여우는 포도를 많이 먹었습니다.

あしとオリーブの木

1 ❶ 올리브 나무가 갈대를 향해 말했습니다.
❷ 올리브 나무는 경멸하듯이 갈대를 바라보았습니다.
❸ 놀리듯이 말했지만 바람에 휘날린 갈대는 금세 절을 하기 시작했습니다.

2 ❶ ○ | 갈대와 올리브 나무는 말다툼을 하고 있었습니다.
❷ × | 올리브 나무는 바람이 강해서 숨도 못 쉬며 대답을 할 수 없었습니다.
❸ × | 갈대는 바람에 몽땅 날아가버렸습니다.
❹ ○ | 올리브 나무는 한가운데가 부러져 버렸습니다.

3 ❶ ゆっくり | 천천히 몸을 원래 상태로 되돌렸습니다.
❷ しっかり | 바람을 거스르며 단단히 서 있었습니다.
❸ ぽっきり | 한가운데가 뚝 부러져 있었습니다.

4 보기 | 학교에 가지 않고
❶ ごはんを食べず | 밥을 먹지 않고
❷ 水を飲まず | 물을 마시지 않고
❸ そうじをせず | 청소를 하지 않고
❹ 本を買わず | 책을 사지 않고

しかとライオン

1 ❶ 붙잡히면 순식간에 잡아먹혀 버릴 것입니다.
❷ 무리하면 목이 부러져 버릴 것 같아 좀처럼 잘 되지 않습니다.
❸ 이런 훌륭한 뿔을 가진 사슴은 분명 나밖에 없다.

2 ❶ ずんずん | 사슴은 성큼성큼 사자와 거리를 벌렸습니다.
❷ ごくごく | 사슴은 샘물을 꿀꺽꿀꺽 마셨습니다.
❸ ぐずぐず | 사슴이 우물쭈물하고 있는 사이에 사자가 따라잡았습니다.

3 ❶ うちに | 이럴 때 숲을 빠져나가 버리자.
❷ たとたん | 다리에 눈이 이르자마자 우쭐한 마음은 숙하고 오그라들어 버렸습니다.
❸ とともに | 울음소리와 함께 근처 풀숲에서 사자 한 마리가 튀어나왔습니다.

4 ❶ × | 사슴은 샘물을 마시지 않았습니다.
❷ × | 사슴은 물에 비친 자기 다리를 보고 우쭐해졌습니다.
❸ × | 사슴의 다리는 부러져버렸습니다.
❹ ○ | 사자는 사슴을 잡아먹어 버렸습니다.

からすの失敗

1 ❶ 나무 위의 까마귀에게 말을 걸었습니다.
❷ 맛있는 음식이라 천천히 먹으려고 생각했던 것입니다.
❸ 이 정도로 칭찬 받으면 기쁘지 않을 리 없습니다.

2 ❶ ぺろり | 떨어진 고기를 날름 먹었습니다.
❷ にこにこ | 여우는 생글생글 웃으면서 더욱 더 소리를 높였습니다.
❸ きょろきょろ | 까마귀는 두리번두리번 주위를 둘러보면서 날아다니고 있습니다.

3 ❶ かない | 어디를 봐도 다른 새 따위는 당해낼 수 없습니다.
❷ 聞か | 괜찮으시다면 당신의 목소리를 제게 듣게 해 주지 않겠습니까?
❸ ほめ | 여우는 열렬히 까마귀를 칭찬하기 시작했습니다.

4 ❶ ○ | 까마귀는 정육점에서 고기를 가로챘습니다.
❷ × | 까마귀는 여우를 칭찬했습니다.
❸ × | 까마귀는 새의 왕입니다.
❹ ○ | 여우는 떨어진 까마귀의 고기를 먹어버렸습니다.

北風と太陽

1 ❶ 무리하게 끝까지 밀고 나가려고 해도 세상사는 잘 되지 않습니다.
❷ 나그네는 걸으면서 땀을 닦았습니다.
❸ 갑자기 따뜻해져서 나그네는 얼굴을 들었습니다.

2 ❶ とぼとぼ | 한 명의 나그네가 외길을 터벅터벅 걷고 있습니다.
❷ じりじり | 태양이 이글이글 내리쬐면 사람도 동물도 참지 못하고 나무그늘로 뛰어 들어가.
❸ ぽかぽか | 태양은 포근하고 따뜻한 햇볕을 보냈습니다.

3 ❶ えら | 북풍이 뻐기듯이 말했습니다.
❷ ぬぐ | 옷을 벗기는커녕 가방 안에서 겉옷을 꺼내 입었습니다.
❸ 言い争った | 말다툼한 끝에 서로의 힘을 시험해 보기로 했습니다.

4 ❶ ○ | 북풍과 태양은 나그네의 옷을 벗기는 쪽이 이기는 것으로 했습니다.
❷ × | 북풍은 차가운 바람으로 나그네의 옷을 벗겼습니다.
❸ ○ | 태양은 강한 햇볕으로 나그네의 옷을 벗겼습니다.
❹ × | 이긴 것은 북풍이었습니다.

すばらしい宝物

1

❶ 고생을 마다하지 않고 일하는 것이야말로 사람에게 있어 진정한 보물입니다.

❷ 농부는 언제 죽어도 괜찮도록 신변을 정리했습니다.

❸ 밭은 매우 황폐해져서 못 쓰게 되어 버릴지도 몰라.

2

❶ ○ | 농부에게는 3명의 아들이 있었습니다.

❷ ○ | 아들들은 잠시라도 쉴 틈을 찾아서 게으름 피우려고 했습니다.

❸ × | 아들들이 포도밭을 파자 보석과 금화가 나왔습니다.

❹ ○ | 아들들이 포도밭을 깨끗하게 일궜기 때문에 포도가 평소와 비교해서 100배나 더 많은 열매를 맺었습니다.

3

❶ いよいよ | 농부는 마침내 죽음이 가까워진 어느 날 아들들을 불렀습니다.

❷ まだまだ | 아들들은 아직도 미덥지 못한 기분이었습니다.

❸ だんだん | 나이가 들어 점점 몸이 말을 듣지 않게 되었습니다.

4

보기 | 하지 않으면 안된다

❶ 朝5時に起きなければならない。 | 아침 5시에 일어나지 않으면 안 된다.

❷ 本を読まなければならない。 | 책을 읽지 않으면 안 된다.

❸ はをみがかなければならない。 | 이를 닦지 않으면 안 된다.

❹ 先生が来(こ)なければならない。 | 선생님이 오지 않으면 안 된다.

다락원 일한 대역문고 – 초급10

이솝우화

イソップぐうわ

지은이 三田村信行
펴낸이 정규도
펴낸곳 (주)다락원

초판 1쇄 발행 2008년 8월 7일
초판 4쇄 발행 2019년 1월 25일

편집국장 김현자
책임편집 송화록, 임혜련
교정 정선영
디자인 이수민, 오연주
일러스트 문혜정

경기도 파주시 문발로 211 다락원빌딩
Tel: (02)736-2031 Fax: (02)732-2037
(내용문의: 내선 460~466 / 구입문의: 내선 250~252)
출판등록 1977년 9월 16일 제406-2008-000007호

가격 12,000원(교재+오디오CD 1장)

ISBN 978-89-5995-390-5 18730 978-89-5995-296-0(set)

www.darakwon.co.kr
다락원 홈페이지를 통해 인터넷 주문을 하시면 자세한 어학 정보와 함께 다양한 혜택을 받으실 수 있습니다.